驚人的油漆式速讀術

吳燦銘◎著

晨星出版

前言

在每年數百場的演講中，我總是不斷強調：「閱讀不但是知識累積的捷徑，更是促進大腦記憶發展的重要關鍵。」，這可不是一句玩笑話。

當我們在閱讀書籍時，大腦必須快速地主動整合視覺、聽覺、記憶等認知功能，相較於看電視或電影時的被動接收訊息，閱讀帶給大腦的活化程度自然較高。

多半喜歡閱讀的人，都具有求知慾強及善於學習的特性，當然更懂得尋找好的閱讀方法。各位可以發現在學校中，有固定閱讀習慣的同學，多半會有較優良的成績。

不過忙碌的現代人只能利用有限的時間看書，因此必須想方設法盡量在很短的時間內閱讀想要的資訊。

讀一本書都不容易了，何況是要看完一堆書？

許多人不喜歡閱讀，在於找不到好的方法，導致理解與記憶效果差，就是主要原因。面對一大片知識海洋，你該採取什麼行動？如果還是像以前一樣土法煉鋼的方式在看書，那麼再多的時間也不夠用！「**油漆式速讀術**」就是一套真正結合大腦記憶原理的速讀技巧，能夠在短時間達到讀得快與記得牢的超強學習效果！就連你的工作跟學習能力，都會有令人耳目一新的驚人表現。

讀多快，才可以做到「速讀」？

速讀的功用主要是讓視覺感官反應變得更敏銳，進而提升大腦的靈活度，真正達到「眼明腦快」的目標，不但是活化大腦潛能的第一步，也是強化記憶力的開始。根據科學家們的正式統計，人類天生的閱讀能力僅被開發了百分之二十左右，只要經過速讀或類似視覺潛能的訓練，就可以將閱讀能力大幅提高數十倍以上。

願意試試又缺乏信心的讀者，一定要趁早學習，以前要花一個小時看書，現在可以不到十分鐘就看完一本書。通常一般人每分鐘的閱讀速度大約是三百字到七百字之間，經過油漆式速讀訓練之後，就能輕鬆進步到每分鐘約五千字或數萬字以上的速度。一天就能輕鬆閱讀幾本書，一個月下來就能達成接近上百本書的驚人目標，這樣的成果絕對讓人期待。

任何人都學的會嗎？

大科學家阿基米德曾經說過，如果有一根夠長的竹竿，只要讓他找到一個支點，就可以輕鬆舉起整個地球。

當你聽到速讀時，腦海裏會想像什麼樣的情景？許多人認為速讀是種天份，每個人與生俱來的速讀能力都不相同，事實上速讀雖然看起來宛如奇蹟，卻是任何人都能培養的能力，這點是我要特別強調的！

「天然的尚好！」這是一句很熱門的電視廣告詞，油漆式速讀術就是一種最天然的速讀術，直接從開發大腦潛能來增強你的閱讀能力，任何人都可以學會！

再厚的書也能一口氣看完

古人經常喜歡用「學富五車」來形容一生需要閱讀的書籍，如果能夠讀完裝滿五輛馬車的書，在當時就算得上是位不得了的大學者了。

到了今天，各種書籍如百花齊放般不斷地出版，非看不可與想看的書堆積如山地擺在你的書桌上。除了學校教科書之外，日常學習類的書籍更是不計其數，以後在職場找工作時，還得要讀一堆考證照的專用書籍。

每個人一輩子所要閱讀的書籍，恐怕連整架波音７４７飛機都無法容納的下。

我是一個很喜歡閱讀的人，經常會利用午候時分，跑到誠品書店看書，不過每次看到書架上如雨後春筍般出籠的新書時，就有一種被淹沒在書海的感覺，為什麼書總是讀不完？

原因就是速度太慢！如果閱讀速度是一般人的十倍，會有什麼情況發生？別人讀一本書的時間，你可以讀上十本了！

身處在這個速度決定一切的社會，能夠找到好的閱讀方法，每個人都可以讀得很快，再厚的書也能一口氣看完，更不用擔心有書會讀不完了。真正的速讀高手可以做到像點鈔機一樣快速翻看書本，幾分鐘就能看完一本很厚的書。

閱讀能力差與成績不好的人一定要趕快接受速讀訓練，慢慢閱讀只會讓自己的競爭力越來越落後。

再艱深的書都能專注研讀

專心對於閱讀是相當重要的要件，專心是指控制自己，把心思集中在某一個目標上的動作。想要讓自己心無旁騖的讀書，可不是拼命在大腦中用力就行了，而是應該給自己一個容易專心的環境。

許多人都有在高速公路上開車的經驗，有時候開的時間過久了，如果覺得精神無法集中，只要稍微踩一下油門加快速度，很自然地就能讓自己集中精神。

不要有意識地慢慢閱讀，而要無意識地加快速度閱讀！

我們速讀時會逐步加快閱讀的速度，這個動作可以讓讀者在心理上產生「定向反應」（orienting response），是一種人類遇到環境改變時所產生的快速直覺反應，這時候閱讀和思考速度會比較接近，其他跟閱讀無關的雜念，自然很容易就排除掉了。

速讀時會讓自己不知不覺就專心起來，這時大腦很容易受到啟發，對一般人來說，越是艱深難懂的書，速讀的理解效果會更好。

會「速讀」也等同「工作能力會很強」嗎？

知識是一種職場上極為重要的自我投資，不論每天能夠吸收多少，確實都能帶來不錯的回報，只有懂得不斷投資知識，才能夠成為真正的職場達人。閱讀是吸收知識的最重要管道，就像從山上往下滾的雪球，滾得越久雪球越大，不但能夠累積個人豐富的背景知識，相對在工作上也能達到更佳的表現。

速讀的價值在於相同時間內盡可能獲得更多的知識。

學歷高低固然會影響就業機會，但是當學歷相當時，速讀能力強的人找到工作的機會就會明顯高出得多。任何人在職場中，無論是主動還是被動，都不可避免地必須去閱讀一些與自身工作相關的書籍或文件，各位應該都碰過在很短時間內必須看完厚厚的一疊資料的窘境，這時候具備速讀能力就會比別人擁有更快適應工作的機會。

目錄

第一章 什麼是油漆式速讀術？

第二章 訓練速讀眼

第三章 實行油漆式速讀術

第四章

進階：獲得永久記憶的全腦速讀

第五章 高階：忘也忘不掉的多層次迴轉記憶法

結語 油漆式速讀應用法

第一章

什麼是油漆式速讀術？

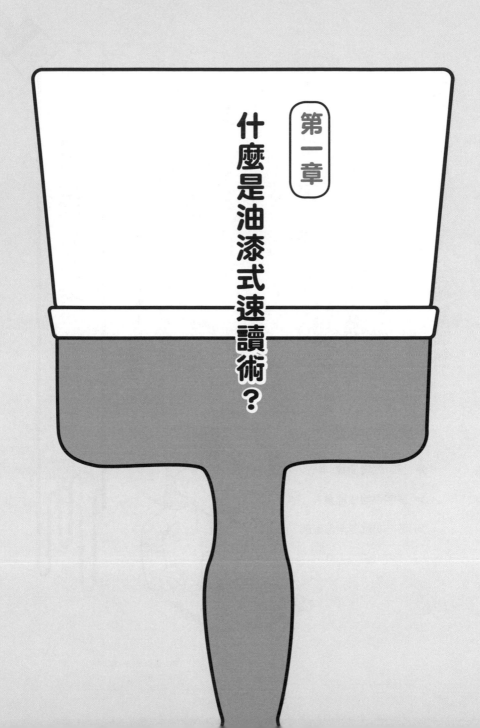

01 記憶就像刷油漆

這要從二十年前我準備[1]GRE出國留學考試的決心開始談起，為了想要在專業的英文檢定考試中拿到好成績，首先我必須在短時間內記憶大量的冷門單字。

但大腦和手腳等器官並不相同，越是想努力去記住，效果反而適得其反。

眼看就要留學夢碎之際，突然想起國小時期曾經接受過三年的速讀訓練，知道利用速讀能夠大幅增進記憶的效果，於是我自行設計了一種名為「油漆式速讀」的訓練方

舊式的閱讀

- 花時間慢慢看
- 逐字逐句仔細看
- 看一次就要全部瞭解

式，作為自己快速記憶單字之用。

沒想到在一個月後的GRE測驗結果，竟獲得了相當優異的成績，讓老師及同學們幾乎都跌破了眼鏡。當時相當知名的華視新聞雜誌主播陳月卿小姐，還特別製作了一集長達十五分鐘的「電腦速讀學英語」的專題報導，介紹我設計的油漆式速讀術。

回國後的十五年間，我主要從事於計算機科學的教學工作，對於速讀原理與全腦學習的理論，仍然不斷地投入相當多時間作更完整的研究，因為我認為大腦記憶的過程就好像刷

① GEP.(Gradute Recovd Examinations)，中文譯作美國研究生入學考試／資格考試。

油漆式速讀術

- 用像高鐵般的速度翻
- 提出問題，只獵取需要的資訊
- 多看幾次，每看一次就更加瞭解！

大腦記憶就像刷油漆
刷一下！ 無論如何都很快！

油漆，凡是刷過的地方一定會留下痕跡，記不起來並不是沒有記住，只是沒有找到容易記起來的好方法，因此命名為「油漆式速讀術」。

它除了是能夠優化大腦記憶的改良式速讀法，更利用了最新的右腦速讀來達到全腦記憶效果。它的優點將在後面的章節中詳細說明，學會「油漆式速讀術」，你不用害怕失敗，反而能更勇於挑戰。

02 可同時達到速記和速讀的效果

近年來歐美日韓等國為了適應資訊洪流快速衝擊的形勢，學習速讀的風氣越來越流行，學生與上班族們無不紛紛接受各種速讀課程，目的就是讓自己能夠學習更快的閱讀方法。

目前市面上推出了許多的速讀課程，學習者必須付上一筆可觀的學費，雖然在效果上仍然有其作用，但是單純只是具備速讀能力，看過後很快就會忘記，如果不能顧及記憶的保存與應用，最後也只是獲得紙上談兵的效果。

記憶就像光線，若缺乏聚焦，很快就會四散而去！

相較於這些課程的不同，油漆式速讀術是一套老少咸宜的全腦學習法，除了著重活化眼力訓練，並強調「大量、全腦、多層次迴轉」的速記理論，不但可以輕鬆擁有一目十行的速讀能力，更能達到過目不忘的速記效果。

油漆式速讀術的功效

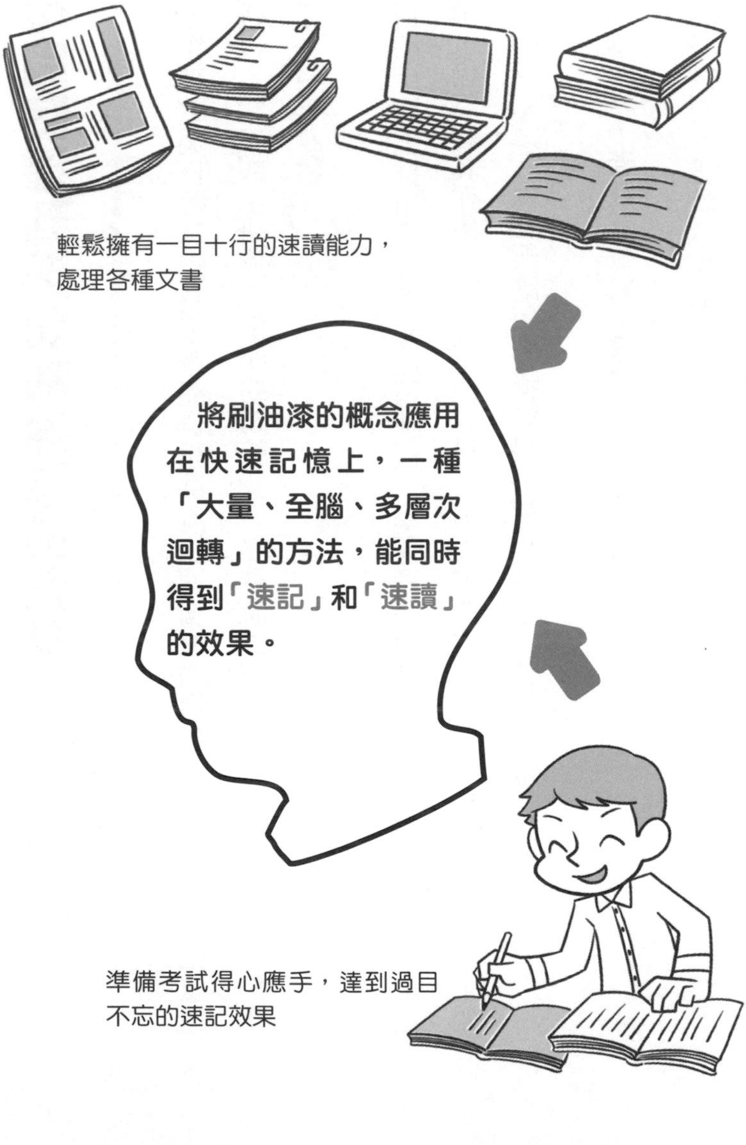
輕鬆擁有一目十行的速讀能力，
處理各種文書
將刷油漆的概念應用在快速記憶上，一種「大量、全腦、多層次迴轉」的方法，能同時得到「速記」和「速讀」的效果。
準備考試得心應手，達到過目
不忘的速記效果

03 先活化大腦，閱讀才會流利

創造渴望──渴望閱讀・渴望學習・渴望新知

閱讀是一種人類主動獲取資訊的過程，不只是眼睛看著書本，書中內容還會與大腦產生共鳴。從醫學的觀點來看，大腦是人類最重要的器官，就像是一台可以瞬間處理大量資料的超級電腦，身體的一切生理活動，以及說話、識字和理性思考等，都是由大腦來指揮。

大腦是由約一千億個腦神經元組合而成，越常運用大腦來思考或閱讀，神經元間的連結就會越發達，因而神經迴路就會越順暢，記憶力就會變得越強。

大腦容量永遠不會有存滿的一天，一個人即使到了七老八十的年紀，大腦還是可以不斷增加新資訊。

大腦像是阿拉丁神話中的神燈巨人，不但服從命令而且潛力無限！

許多人都把閱讀當成一件苦差事，原因就是不知道如何利用大腦來閱讀，想讀得快與記得牢，首先就必須認識如何與大腦溝通的遊戲規則。如果你覺得看不下書，請試著讓大腦切換成不同的模式，只要原來的負面模式不存在了，一定會慢慢覺得「原來自己也不是不愛讀書！」

請努力找出各種喜歡閱讀的理由，再從中找到「興奮」的來源，反覆說服大腦。經過一段時間後，大腦就會習慣接受這樣的指令——「我喜歡閱讀」，以後看到書時，大腦就會如反射動作般地渴望看書。

我的做法是每天起床第一個念頭，總是抱著「看書是個享受」、「再忙也要找時間看書」、「閱讀是我的強項」的積極態度。

不同的個人即使能力完全相同，也會因為抱持著正面看法或持消極態度來閱讀，就會有天壤之別的結果。

抱著正面態度及創造渴望

➤ 我想要閱讀，再忙也要閱讀

➤ 因為看書很享受

➤ 為了得到目標，我要從這本書得到 XXX 資訊

讓 α 腦波提高閱讀吸收能力

當克服了看不下書的念頭後，接下來準備要開始讓大腦處於「達到最佳表現的狀態」。首先要建立能發揮最佳能力的精神狀態，這其實一點也不難，只要設法喚起大腦真正的潛能，就能夠應用在速讀上。

簡單來說，每個人都具備閱讀的能力，問題是如何讓能力施展到最大限度？

讓大腦充滿 α 腦波，就能得到事半功倍的閱讀效果。

每一個人不管在什麼時候、做什麼事，甚至睡覺時，大腦都會不時的產生「電流脈衝」。這些由大腦所產生的電流脈衝，稱之為「腦波」。腦波跟人類的學習和閱讀過程更有密不可分的關係，共有四種腦波型態：

α 腦波：alpha 波

當我們身心放鬆的時候，腦波會產生較低的周波，波長為 8-12Hz（赫茲），稱為 α 腦波，此時大腦能夠呈現高度清晰狀態，身心能量耗費最少，腦部所獲得的能量較高，也是人們學習與速讀的最佳狀態。

β腦波：beta 波

當情緒波動、焦慮不安時，波動頻率就會增加，稱為 β 腦波，波長為 14-100Hz，身心能量耗費較劇，容易快速疲倦，是在緊張的情形下從腦中釋放出來的一種腦波，又稱為壓力波。

θ腦波：theta 波

當感到睡意朦朧，處於一種半夢半醒間的潛意識狀態，這是一種高層次的精神狀態，例如當人處於靜坐或冥想時，就會產生 θ 腦波波長，波長為 4-8Hz。

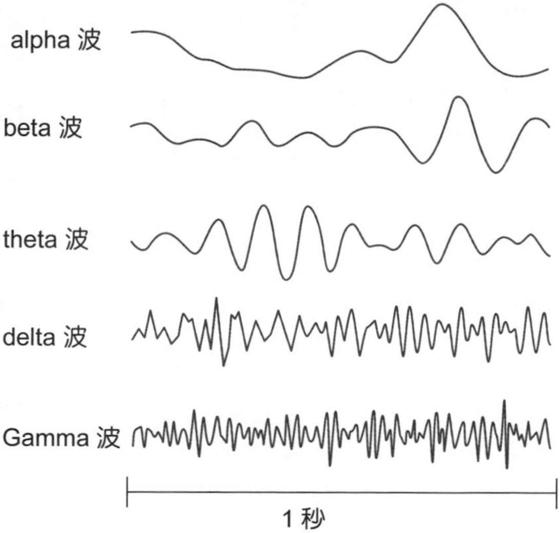

δ腦波：delta 波

當各位完全進入深度的無夢睡眠時，產生血壓和體溫下降，並進入無意識狀態時，就會產生δ腦波，波長為 0.5-4Hz，睡眠品質好壞與δ波有非常直接的關聯。

γ腦波：Gamma 波

波長為 30-200 Hz，是最快和最小的腦電波，但大部份落在 40 Hz 的範圍內，但是也有另外一種說法，它只是 Beta 波另一個層次。Gamma 波的主要功能為知覺、記憶意識及運動控制，在所有大腦結構及視網膜都包含這類的腦波，它和注意力的集中有相當的關連性，也就是較高層次的覺知活動會偵側出這類的腦波。

許多人無法養成閱讀習慣還有一個問題，總喜歡把閱讀當成一種工作來看，無形中就會造成大腦產生β腦波，而這種對於閱讀有無限敬畏的情結下，也最容易形成壓力。

「隨意讀」比「刻意讀」來得更好

閱讀就像零存整付方式來存錢，各位只要記得「開卷有益」就對了。隨時隨地有時間，就算是只有三五分鐘，能多看一分鐘就是好事，讀累了或者不喜歡。總之，無論什麼理由，下次再看或者換一本書都好。

不要劃地自限來閱讀，「台上一分鐘，台下十年功。」淵博的知識也是靠著平日一點一滴的閱讀累積的！

製造閱讀的氣氛與環境，以提高大腦運作的成效

人是感性的動物，許多人做事總要講求氣氛。

喝酒要有喝酒的氣氛，唱歌要有唱歌的氣氛，聊天要有聊天的氣氛，就像紅花配綠葉，有氣氛這麼一烘托，感覺就更好了！

在開始閱讀之前，最好也先有一段前置作業，用來促進良好的讀書氣氛。集中精神來閱讀是提高速度的必要條件，好比你要細心照顧的盆栽開花結果，就不

能忘了灌溉與施肥一樣。

不過想要讓自己集中精神，並不是大腦用力就行了，而是要讓自己處於放鬆的狀態。

大腦注意力在放鬆時比緊張時候更容易集中。

想要讓自己真正做到全身放鬆，可不是一個口令一個動作就可以了，不妨試試看「自我催眠法」與深呼吸。「自我催眠法」就是不斷催眠大腦，設法讓自己從情境中感受放鬆，並嘗試讓自己想一些喜歡的風景、人物或者菜餚，讓身心感到愉快。

一想到放鬆這個字眼，就可以馬上放鬆！

例如只是說聲「好舒服的感覺」，念頭就會馬上一轉，腦海中立刻浮現以往一些快樂的經驗。閱讀對我來說就是一種享受，在閱讀的同時，經常可以挖到令人出奇不意的寶藏，如果再來杯香濃的咖啡，真的會有種沐浴在幸福中的感覺。

人的情緒處於愉悅狀態時，大腦還會自然釋放出一種像瑪啡的化學物質－「恩多芬」（endorphin）。這種物質對於加速大腦神經元的連結有非常大的幫助，記憶起來就會更有效率。

記憶能力增強的關鍵，就是要找到快樂的閱讀方法。

控制呼吸也是種很有效的方法，現代人處於繁忙的工商社會，呼吸往往流於急速短淺，我們必需學會重新設定。

我的做法是閉上眼睛，緩慢地深吸呼，然後盡力地吐氣，讓呼吸變得細、長，靜，連續做個幾次，持續個三分鐘。想像自己處在一個蔚藍的海岸邊，舒服地躺在柔軟的沙灘上，悅耳的海浪聲，夾雜著迎面而來的海風，彷彿置身天堂般地感覺。

把放鬆的企圖與過去放鬆經驗連結在一起，任何人都可以輕鬆做得到，只要找到了一個切入點，就可以更容易進入放鬆狀態。

閱讀不是天生的本能，是一種習慣。

學生成績不好有許多原因，但是成績好的學生一定有一個共通點，那就是平常就喜歡閱讀。

閱讀並不需要什麼特別才華，只要翻開書本，眼睛一字字地看下去就行了，最重要是我們要養成習慣，設法讓每天的生活作息和閱讀緊緊綁在一起，讓自己維持高度的樂趣，並充滿積極樂觀的正面想法。

每一個成功的閱讀方法，總是教人從自在放鬆開始。

不再被大腦杏仁核綁架

大腦中有個小器官叫杏仁核（amygdala），是人類的情緒中心，主要功能是掌管焦慮、急躁、驚嚇及恐懼等負面情緒反應。杏仁核的記憶是沒有理性的，譬如小時候曾經被狗嚇過，長大以後只要看到狗就會討厭，這就是杏仁核的作用。

許多當過兵的人都有在外島站夜哨的經驗，有些菜鳥阿兵哥看到前面黑影晃動時，不加思索就馬上開槍，這種反應就是杏仁核接收恐懼訊息後的直接反射動作。

大腦中還一個很重要的器官——海馬迴（hippocampus），是人類真正的記憶中樞，橫跨於左右腦中間，負責對於各種事件記憶及儲存的區域。日常生活中的任何影像、聲音、氣味等訊號都會從大腦皮層送入海馬迴中，並

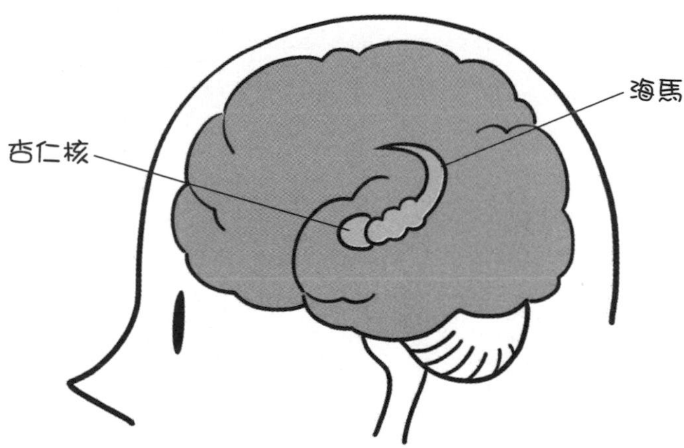

藉由杏仁核發出的振動判斷情緒反應，並且加以記憶儲存。

一旦杏仁核接受到討厭讀書的訊號後會發出強烈振動，海馬迴記憶中樞就會自動記錄下來，以後你只要再看到書時，就會一點都提不起興趣了！

04 一定要懂的記憶理論

一切知識不過是記憶而已

萬物中只有人類具有過去、現在和將來的時間觀念，主要就是因為人類擁有記憶能力。記憶是人腦對過去經驗的綜合反應，這些反應會在大腦中留下痕跡。

我們開始學習新的事物時，數以萬計的神經元就會自動組成一組經驗拼圖，當神經元發出與過去經驗拼圖類似的訊號時，就出現了記憶模式。

當任何外部的刺激透過眼、耳、鼻、舌等感覺器官進入大腦時，它會激發一連串的神經迴路，記憶就是神經迴路的連接通路。

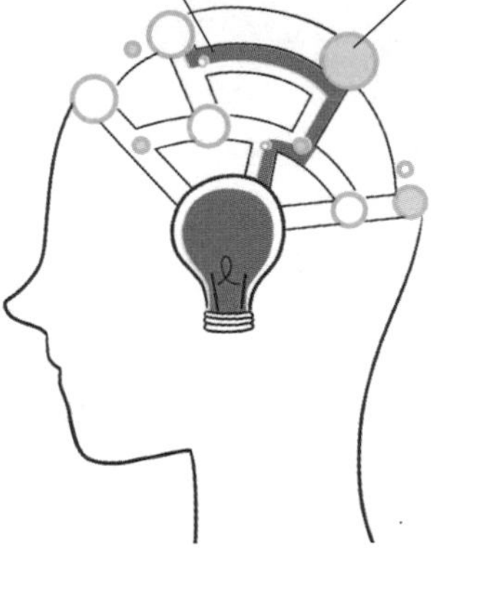

大腦神經元的訊息傳遞方式，如同各位在海邊所看到的浪潮般，是一個波浪接一個波浪地往附近的神經元傳遞。

大腦對外界資訊的處理是將感覺器官所獲得的輸入資訊，經分析、比對、認知後，透過海馬迴，再直接送入大腦的皮質，並在此形成記憶。

記憶在大腦中的儲存模式就很像學校圖書館中的藏書規則。當大腦下達提取的指令時，就會到相關存放的書架上尋找，找到那本書儲存的地方後，就可到意識區翻開書來閱讀。記憶具有可塑性，隨著所接收的訊息不斷地進入大腦，很像建築工地用的水泥，需要一段時間後才能固化變硬！

記憶時間的長短絕非單一因素可以決定，不同的記憶可維持不同的時間，有的只有幾分鐘壽命，有的可以到幾天或幾個月，有的卻是一輩子刻骨銘心。任何記憶模式並不是馬上消失無蹤，而是隨著時間遞增而逐漸消失。

根據大腦對外界刺激所保持的時間來區分，記憶種類可分為「感官記憶」、「短期記憶」與「長期記憶」三種。

〔感官記憶〕

感官記憶又稱為瞬間記憶，是對於外界訊息的最原始反應，當訊息刺激停止後，記憶最多只能保留數分鐘的時間。

有時我們經過街上的一條道路，沿路有很多的招牌與商店，經過時可能還有點印象，但走完這段路後就幾乎忘光了，這種就是感官記憶。

〔短期記憶〕

短期記憶所記住的多半是眼前發生的事件，這個記憶維持的時間只比感官記憶略長一點，又稱為工作記憶，通常最多能保留小時到數天的時間。

遺忘短期記憶，來自於大腦缺乏重複複習

重複複習作業有助鍛鍊大腦。不停地回想、回想，一定可以找到答案，你不是忘記了而是想不起來。

各位還記得考試衝刺時的挑燈夜讀，當考試結束鈴聲一響，那些考前臨時抱佛腳的內容很快就會一點一滴地流失，因為這是靠短期記憶的功能來進行操作。

短期記憶遺忘的原因，主要是記憶本身自然的消退和外界的干擾，必須經過不斷的重複複習，就能夠轉為長期記憶，否則就會慢慢消失。

〔長期記憶〕

長期記憶就是一種接管從短期記憶所轉入的訊息，有無限容量，無限期儲存的優點，是能夠保持幾個月到幾年的記憶。

長期記憶的訊息內容多半經過了整理與歸類，是以組織狀態被儲存起來，例如我們只要學會如何游泳，即使多年未游泳，也不用擔心會忘記。

記憶力與速讀效率是密不可分的

當各位從速讀獲得大量資訊後，如果無法牢記，又有什麼用呢？相信各位都有因為記憶問題而苦惱的經驗。

許多人在速讀過一篇文章後，往往經過了一段時間，「不管花多少時間都無法記住！」、「書是看完了，卻忘得一乾二淨。」、「有讀跟沒讀差不多！」就會聽到這樣的抱怨。

記憶只是一種技術，不是天生的才華

記憶就像身體一樣，越鍛鍊就會越強壯，技巧在於如何鞏固與維持，記憶什麼並不重要，重要是記憶的方法。我們從一生下來就不斷靠記憶來增加知識，速讀是一種知識累積過程，當然又離不開記憶這項功能。

記憶需要方法鞏固與維持

長期記憶的訊息多半經過整理和歸納，使得我們能輕易回想起年輕時的美好時光。

速讀的過程中，良好的記憶力與速讀效率是密不可分的。如果你對記憶力沒有自信，不用擔心，使用油漆式速讀術的技巧，問題就會迎刃而解了。

大量、全腦、多層次速讀三階段鞏固記憶

有些人總是抱怨自己速讀過後，整本書是都看得懂，可是老記不住。雖然不是每種情況都一樣，但是一般人會在速讀後一個小時內忘掉一半，再經過幾個小時後就會把百分之七十以上的內容都拋在腦後。

油漆式速讀術除了幫助你達到驚人的閱讀速度，還能讓記憶力同步大增，油漆式速讀術與一般市面上速讀法最大不同之處，就是應用了大量速讀（速讀記憶）、全腦速讀（圖像記憶），多層次速讀（重複記憶）三階段鞏固記憶的技巧。

油漆式速讀術的大量閱讀階段是屬於一般速讀所形成的記憶，多半是屬於感官記憶，就像各位早晨閱讀報紙，只是快速地瀏覽標題與重點新聞，無法保證記憶的效果長短。

比起文字，我們的大腦對於圖像的記憶能力又高出許多。

到了全腦速讀的階段，我們知道如果要同步增強記憶力，就必須與右腦「圖像化思考」結合，屬於圖像記憶，這個時期能讓感官記憶快速轉換為短期記憶。油漆式速讀術最後階段所主張的「多層次速讀」階段，就是利用重複速讀的過程來確保能夠讓短期記憶轉

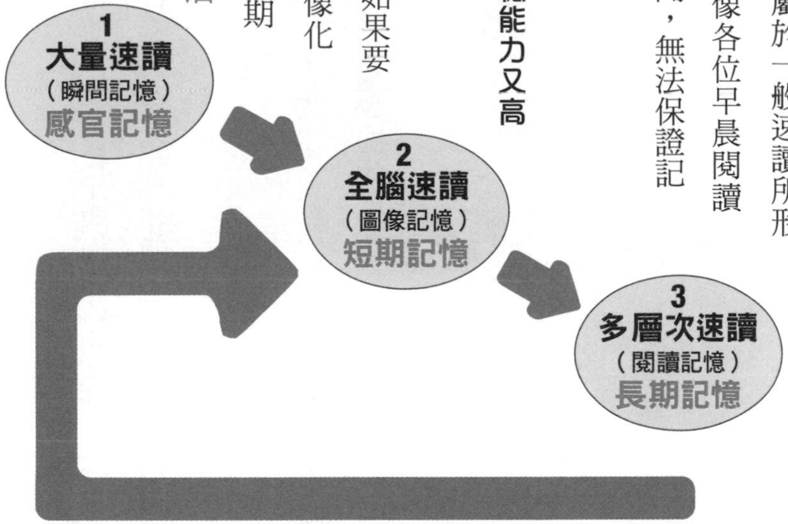

油漆式速讀術的三階段鞏固記憶

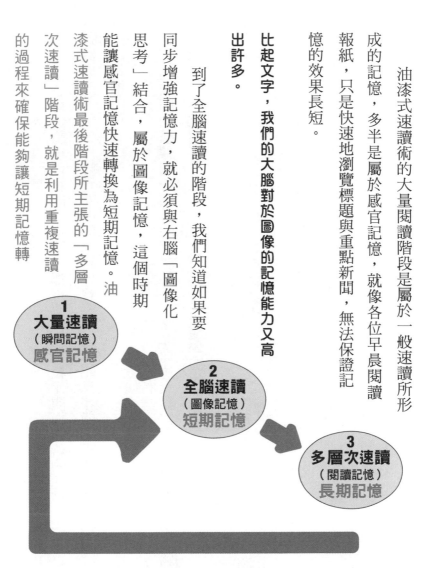

為長期記憶。

當各位速讀一段新的文章時，都會使大腦神經元間增加新的連結，一旦重複速讀的次數越多，神經元間的連結就會越濃密，訊息才能更迅速通過，也越容易形成長期記憶。

例如開始學習到一個新的英語句子，除非你每天經常複習這個句子，大腦才會把它存入長期記憶，這也是一般人學英語隨學隨忘的原因。

第二章
訓練速讀眼

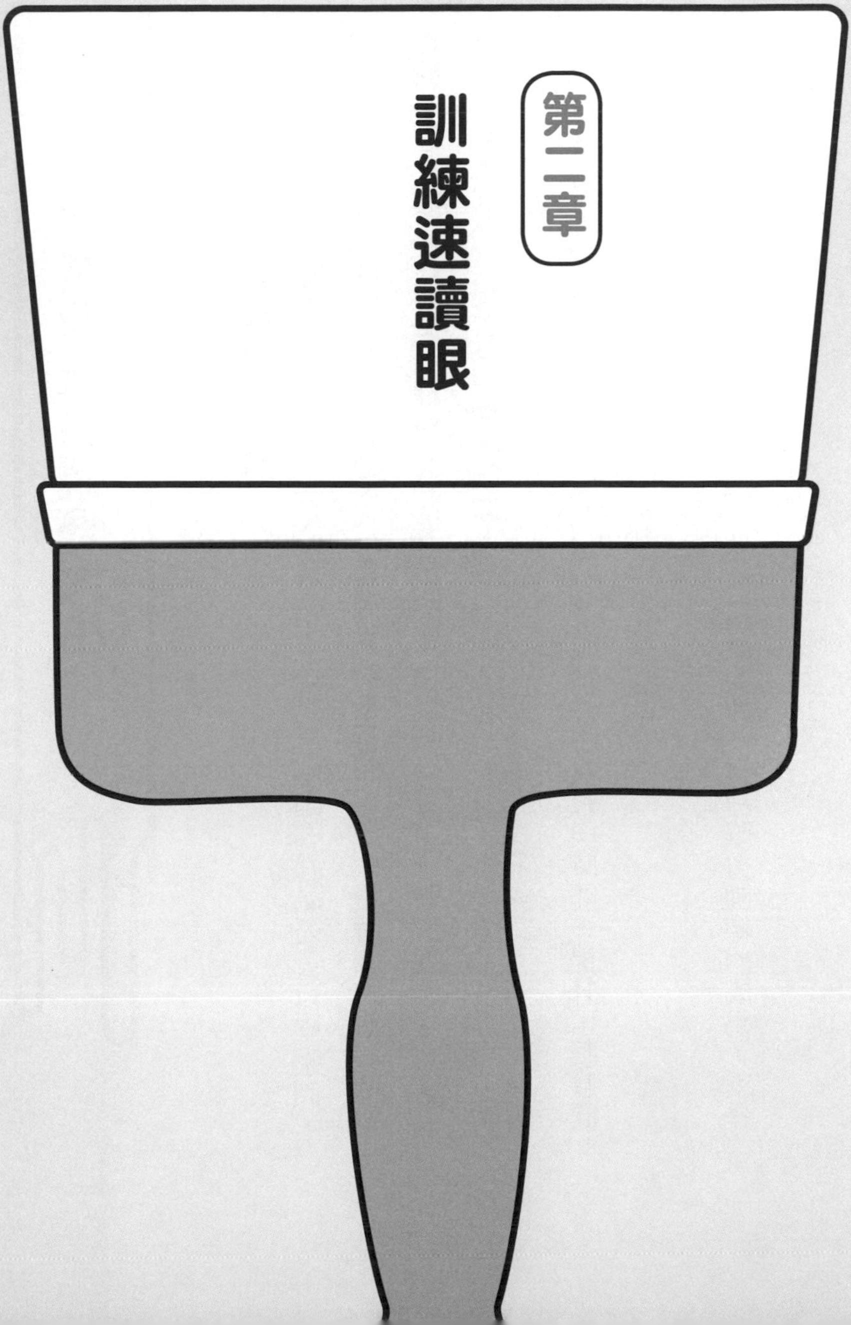

01 速讀快慢取決於視野大小

鍛鍊好眼力，速度馬上加快

談到現代速讀訓練的起源，該是源自二次大戰時，美國當時的空軍科學家們，利用一種「速視儀」裝置，來訓練飛行員於高空飛行時，在極短時間內辨認敵我軍機。這些成員在經過訓練後，就能輕鬆分辨出以幾百分之一秒速度出現在遠方的小黑點，到底是屬於哪一種的圖像。

日後當空戰發生時，飛行員因為減少了眼睛注視次數與時間，提升了眼腦間的協調感知能力，對於敵機的戰鬥研判會更加迅速敏捷。

這種眼腦間瞬間感知的協調能力，俗稱為眼力，這種眼力訓練的成果，就是速讀訓練的前身。

後來速視儀這種讓眼睛凝視黑點移動的設計，已被廣泛應用做為專門速讀構訓練眼力的儀器，目的就是讓眼球的移動與感知更靈活敏銳。

眼力訓練當然不會像武俠世界中苦練絕世武功般的困難重重，反而是一種平常人就可以輕鬆開發的天生潛能。

學習速讀的第一步就是必須訓練你的眼力。

從醫學的角度，眼睛是所有感官中最具優勢的器官，使用了大腦大半的資源，並主控著大腦對外界的判斷。人類的感官器官都有一個共同現象，越經壓迫的機能，反而越發達！

眼力絕對是一種可以經由訓練的天生潛能。

例如各位平常開車上高速公路時，剛開始總覺得兩旁車輛如閃電般呼嘯而過。一旦時間久了，原先感覺在身旁飛奔的車輛，不知不覺中似乎速度變慢了許多。

當然不是這些車輛真正減速了，而是眼睛自行適應環境，也就是我們說的眼力增強了。

許多兒童教育常用的閃視卡，也是一種針對單字和短句的眼力訓練。各位可以試著將一些單字或片語寫在卡片上，快速在學習者的眼前閃過，接著再逐步縮短每張單字卡的閃視時間。

速讀訓練機或閃視卡的的目的都是為了讓眼球運動更靈活，不要聚焦於一點，並且活化視神經，使其感知力更為敏銳。經過良好速讀訓練的人，不但能讓眼睛發揮最大作用，還可以使得眼睛和大腦接受訊息的速度趨於同步。

視野一旦變廣闊，速度馬上爆增！

閱讀是一連串眼球轉動與停止動作的結合。

眼球是藉助六組眼肌來運動，可使眼球自由地往任何方向轉動，閱讀時會將

周邊視野和中心視野

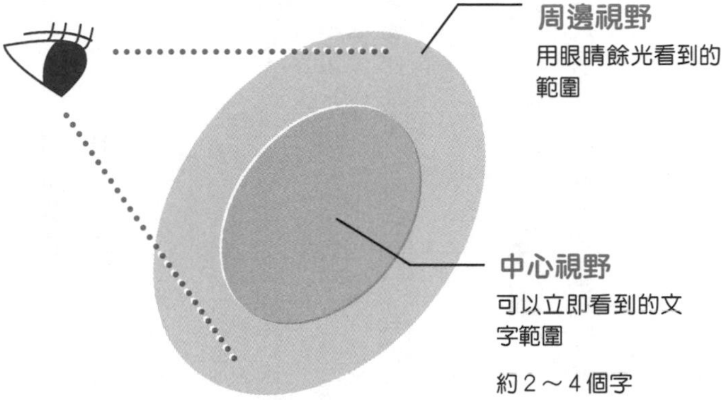

眼部肌肉往四面八方移動，眼球轉動的視野範圍必定跟著加大。平常多進行有效的眼球活動，可以鍛鍊眼球周邊的肌肉與神經，如果眼球不靈活，視神經所傳送到大腦的訊息就會變弱，閱讀的效率當然不好。

眼睛在移動時不會閱讀，只有在眼球停止於某固定點上，才能夠接收訊息，這個定點，就稱為「視點」，而眼球固定在視點時，所看到的可能範圍稱為「視野」。

視網膜是眼球裡面最內層的神經膜層，在視網膜上立刻可以看到的文字範圍，稱為「中心視野」。同樣是映在視網膜上，卻無法立刻理解的更大文字範圍，稱為「周邊視野」，就像是我們眼睛用餘光所看到的範圍。

眼球靜止不動時的視野約為160—170度角的扇形範圍，如果想要加快閱讀速度，第一步就要進行增大視野的眼球運動，讓每一個視點所攝取的訊息量盡量擴大。

對於未曾受過速讀訓練的人來說，眼睛對文字符號的感知能力僅為15度視角，大約為2～4個字的間距，這是使用「中心視野」來閱讀，所以多半只能逐字逐句的閱讀，無法一次將整頁內容盡收眼底。

習慣用眼睛餘光來速讀

還有要盡量使用周邊視野來看書，這是一種屬於潛意識運作的視野。

這樣速讀時不但眼睛可閱讀的字數增加，同時還能強化眼球肌肉的活動力。

就好像我們站在山頂眺望風景，一眼就能收集到四周所有的視覺訊息。當速讀學習者後來覺得自己速度變慢，並非真的是閱讀速度變慢，而是自己的眼力變得更強了。

這個道理像古代有人綁鉛塊練輕功一樣，剛開始一定覺得舉步維艱，後來便發覺似乎越走越輕鬆，這不是鉛塊變輕了，而是你的腳力變強了。

練習時的注意點

- 直線和對角線間必須抱持良好的平衡（只要視線偏了就要重來）
- 眼睛和紙張間的距離要維持 15 ～ 20cm 左右
- 每一個點用 0.5 秒的速度看過去
- 習慣戴隱形眼鏡的人要拿掉
- 比起快速移動要做到大幅度移動
- 頭部和身體保持不動，只動眼睛

02 增大視野範圍訓練

隨處可做的增大視野練習

視野練習其實相當簡單，平常只要利用閱讀前的幾分鐘做做眼球運動，就能激發視網膜上的視野潛能，並加強眼球肌肉的活動力。

接下來請跟著下圖中箭頭指示的方向來移動眼球，請不要轉動頭部，只要動動眼睛就好。目的就是逐步讓視野擴大，對於日後閱讀速度的增進，也會有很顯著的幫助。

上下波動形

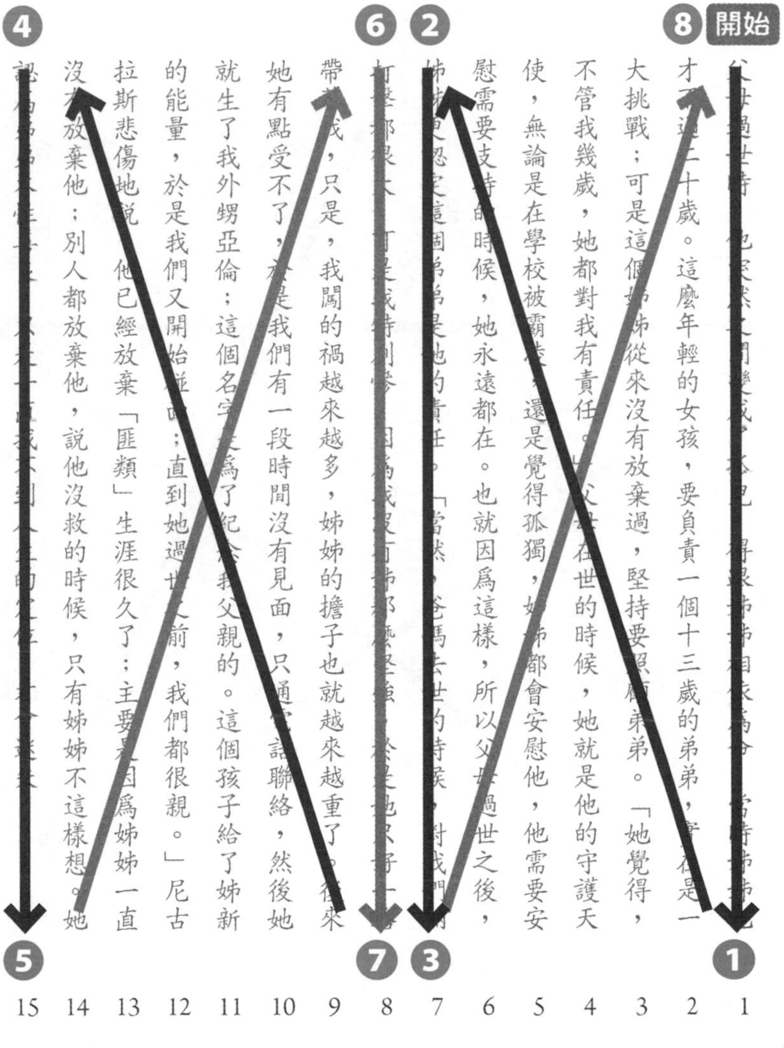

P51 ～ P54 文章引用自《在我家客廳遇見耶穌》，P188（晨星出版）

星形

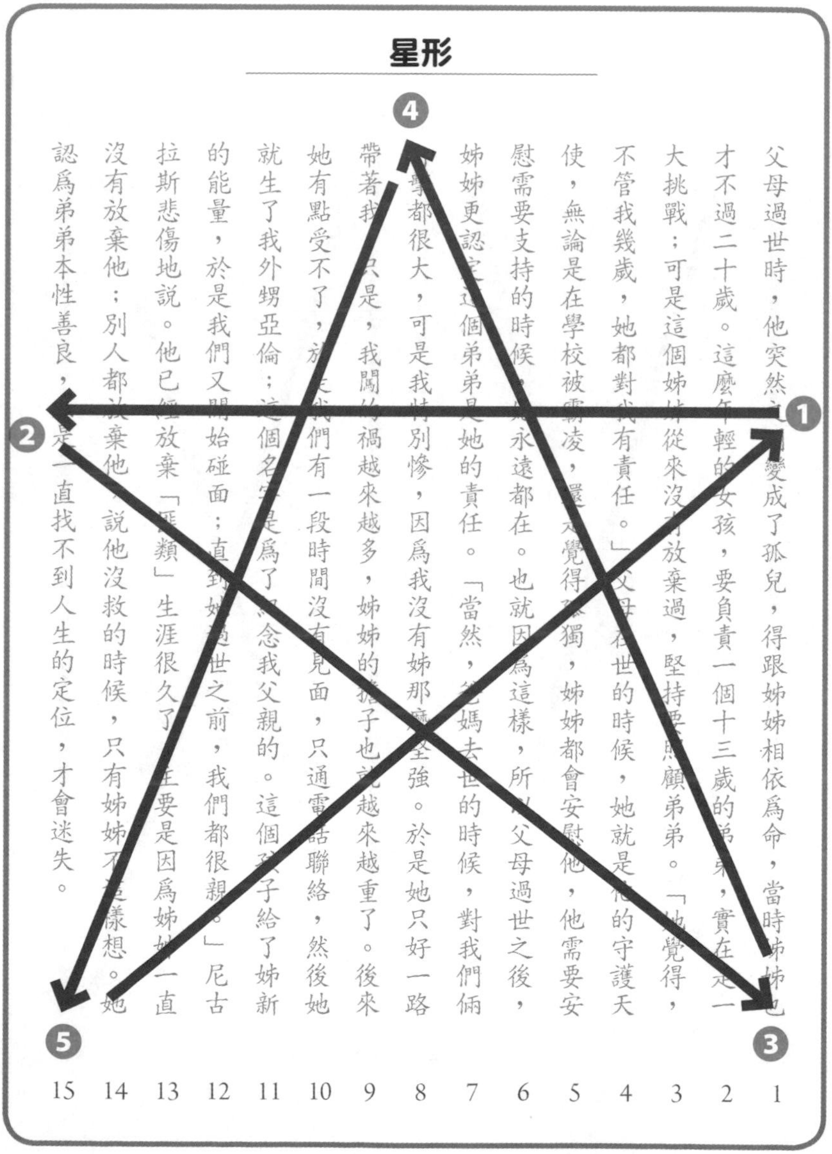
父母過世時，他突然之間變成了孤兒，得跟姊姊相依爲命，當時姊姊也
才不過二十歲。這麼年輕的女孩，要負責一個十三歲的弟弟，實在是一
大挑戰；可是這個姊姊從來沒有放棄過，堅持要照顧弟弟。「她覺得，
不管我幾歲，她都對我有責任。」父母在世的時候，她就是他的守護天
使，無論是在學校被霸凌，還是覺得孤獨，姊姊都會安慰他，他需要安
慰需要支持的時候，她永遠都在。也就因爲這樣，所以父母過世之後，
姊姊更認定這個弟弟是她的責任。「當然，爸媽去世的時候，對我們倆
影響都很大，可是我特別慘，因爲我沒有姊姊那麼堅強。於是她只好一路
帶著我。只是，我闖的禍越來越多，姊姊的擔子也就越來越重了。後來
她有點受不了，於是我們有一段時間沒有見面，只通電話聯絡，然後她
就生了我外甥亞倫；這個名字是爲了紀念我父親的。這個孩子給了姊姊新
的能量，於是我們又開始碰面；直到她過世之前，我們都很親。」尼古
拉斯悲傷地說。他已經放棄「匪類」生涯很久了，主要是因爲姊姊一直
沒有放棄他；別人都放棄他，說他沒救的時候，只有姊姊不這樣想。她
認爲弟弟本性善良，是一直找不到人生的定位，才會迷失。
1 2 3 4 5
15 14 13 12 11 10 9 8 7 6 5 4 3 2 1

環形

父母過世時，他突然之間變成了孤兒，得跟姊姊相依爲命，當時姊姊也才不過二十歲。這麼年輕的女孩，要負責一個十三歲的弟弟，實在是一大挑戰；但是這個姊姊從來沒有放棄過，堅持要照顧弟弟。「她覺得，不管我幾歲，她都對我有責任。」父母在世的時候，她就是他的守護天使，無論是在學校被霸凌，還是覺得孤獨，姊姊都會安慰他，他需要安慰需要支持的時候，她永遠都在。也就因爲這樣，所以父母過世之後，姊姊更認定這個弟弟是她的責任。「當然，爸媽去世的時候，對我們的打擊都很大，可是我特別慘，因爲我沒有姊姊那麼堅強。於是她只好一路護著我，只是，我闖的禍越來越多，姊姊的擔子也就越來越重了。後來她有點受不了，於是我們有一段時間沒有見面，只通電話聯絡，然後她就生了我外甥亞倫；這個名字是爲了紀念我父親的。這個孩子給了姊姊新的能量，於是我們又開始碰面；直到她過世之前，我們都很親。」尼古拉斯悲傷地說。他已經放棄「匪類」生涯很久了；主要是因爲姊姊一直沒有放棄他；別人都放棄他，說他沒救的時候，只有姊姊不這樣想。她認爲弟弟本性善良，只是一直找不到人生的定位，才會迷失。

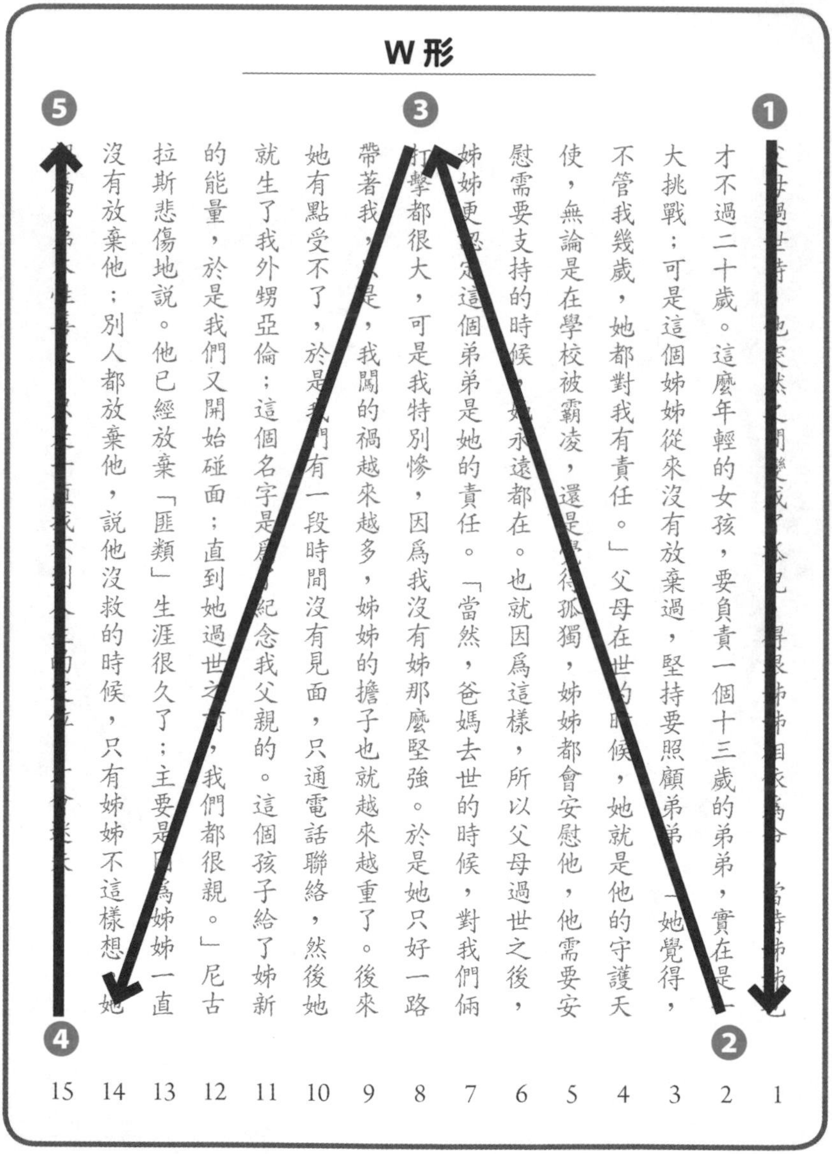
W形
5
3
1
才不過二十歲。這麼年輕的女孩，要負責一個十三歲的弟弟，實在是一
大挑戰；可是這個姊姊從來沒有放棄過，堅持要照顧弟弟——她覺得，
不管我幾歲，她都對我有責任。」父母在世的時候，她就是他的守護天
使，無論是在學校被霸凌，還是覺得孤獨，姊姊都會安慰他，他需要安
慰需要支持的時候，她永遠都在。也就因爲這樣，所以父母過世之後，
姊姊更認定這個弟弟是她的責任。「當然，爸媽去世的時候，對我們倆
打擊都很大，可是我特別慘，因爲我沒有姊姊那麼堅強。於是她只好一路
帶著我，只是，我闖的禍越來越多，姊姊的擔子也就越來越重了。後來
她有點受不了，於是我們有一段時間沒有見面，只通電話聯絡，然後她
就生了我外甥亞倫；這個名字是爲了紀念我父親的。這個孩子給了姊新
的能量，於是我們又開始碰面；直到她過世之前，我們都很親。」尼古
拉斯悲傷地說。他已經放棄「匪類」生涯很久了；主要是因爲姊姊一直
沒有放棄他；別人都放棄他，說他沒救的時候，只有姊姊不這樣想，她
4
2
15 14 13 12 11 10 9 8 7 6 5 4 3 2 1

練習用眼球快速閱讀

昆蟲

看到空中有隻昆蟲飛來飛去，請各位練習用眼球運動來追蹤它上下左右飛行的路徑。

天花板

當夜深人靜準備睡覺時，一個人躺在床上看著上方，以天花板四個角落點的連線，作為眼球上下左右移動的軌跡，連續2～3分鐘。

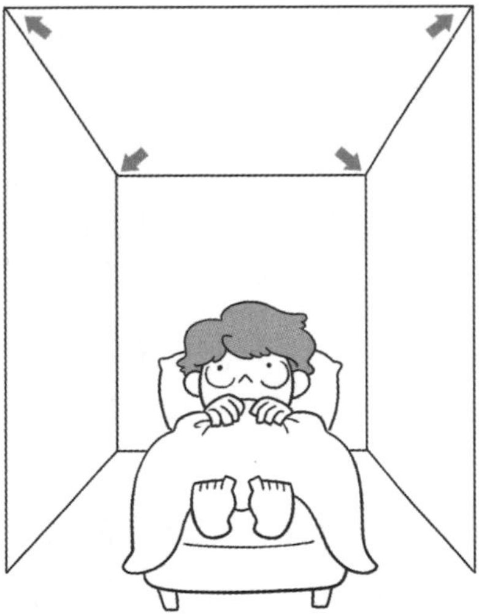

近、中、遠距離

在戶外或室內都可進行，將眼睛輪流凝視近距離、中距離、遠距離三個焦點，時間以一分鐘為限。

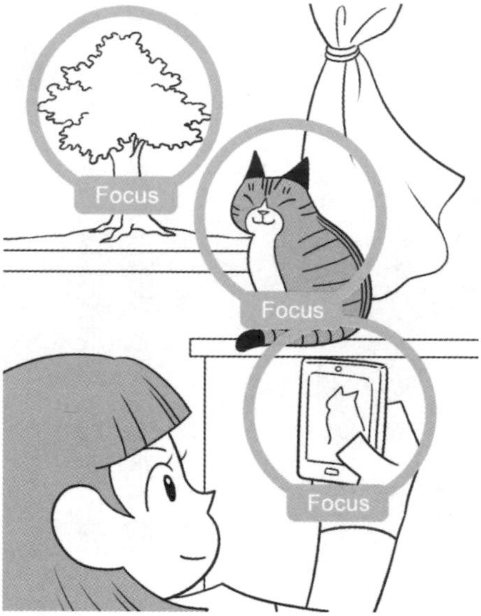

流動的車輛

當你搭巴士在高速公路上奔馳時，不妨練習盯著對面車道每一輛來車的車牌或車上的明顯特徵，想辦法盡量看清楚它。

市區景物

請以中等速度穿過人來人往的鬧區，嘗試利用廣角鏡模式盡可能將周遭的景物攝入腦海中，包括行人、房子、車輛和商店招牌等。

俯視下方車流量

站在天橋或頂樓高處，俯視下方車水馬龍的車潮，將一眼所能見的車流量逐步放大，例如從原本一個路口，增加到兩個路口，依此類推。

YOUTUBE影片

請以能倍速播放的影片為主，總片長最好30分鐘以上，先用1.5倍的速度觀看，再慢慢增加倍速，每次至少要看10分鐘。因為YOUTUBE網站提供的影片只能到2倍速。進階者想用3倍速、4倍速觀看的話，建議使用專業的影音播放器、DVD/藍光播放器。

YOUTUBE 影片練習範例：
《失戀 33 天》
（電影，中影完美世界發行）

算零錢

利用買東西、打開錢包找零錢的時候，快速分出零錢種類和數量，首先先鎖定10元有○○個（一種）就好，習慣後再慢慢增加2種、3種同時看即可。

有了信心才會帶來速度

人們講話的速度是有限制的，即使是電視上講話滔滔不絕的名嘴們，一分鐘講話的速度也是很難超過數百字以上。如果你希望像速讀高手一般，一分鐘能讀上幾萬字，就必須放棄口誦朗讀，直接讓大腦來閱讀。

速讀專家將人的眼睛比喻為相機，當視線移動時，眼球會隨著文字移動，盡量消除大腦潛在的讀音現象，直接把視覺中樞所感知的訊息轉換成大腦所能理解的結果。

這種方法就稱為「眼腦直映」功能，讓眼睛直接來閱讀文字，不要經由嘴巴唸、或是心裡「默唸」，省略了「讀」和「聽」這兩個

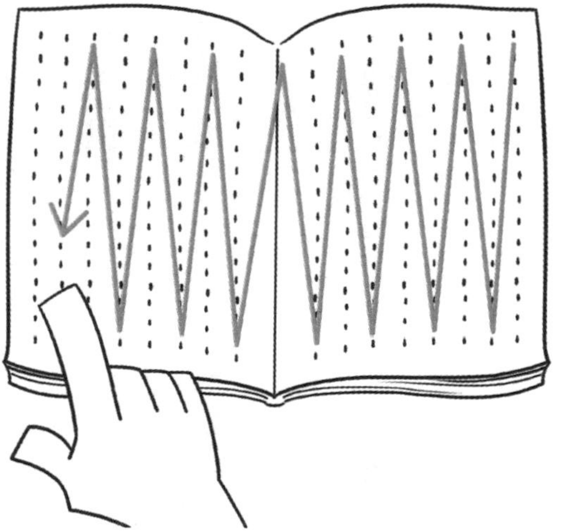

中間環節。

油漆式速讀術的基本要領就是訓練大家，運用相機鏡頭所呈現的整體感知原理，將眼睛變成廣角鏡頭，並逐步增大每一視點所接收到的訊息。

好像拍照一樣，以極快速度將翻閱的每一頁拍進視網膜。

通常各位在看到書上的圖片或相片時，不會像在閱讀文字般從右上角開始讀取，而是一次就看盡了整張圖。

請你把這種做法應用在文字的閱讀，閱讀的範圍可調整從幾個字，再逐漸擴展到二行、三行、多行等，甚至一整頁。

眼腦直映練習

習題一：請以一秒的時間看完後，並說出有哪些東西？

汽車**警察局**

校舍銀行

蚊子

足球**遙控器**黑人

習題二：請以一秒的時間看完後，說出水果的種類與數量？

鳳梨 2　**蘋果** 4

西瓜 3

楊桃 5　**番石榴** 2

榴槤 1

習題三：請以一秒的時間看完後，由左至右、上到下說出所有的數字。

123　55

623　7　88

8

71　99　101　10

習題四：請以一秒的時間看完後，重新寫出的文字與對應的位置

梅花		烏賊
	變形蟲	
輪船		燒餅
	大榕樹	
手機		粽子

附錄：自我測試：速度有沒有變快呢？

1. 請練習逐步擴大自動視野：

臉

書是一

個社交網路

服務網站，以認

識朋友的朋友作為擴

大交友群的方式。在臉書

註冊的網路用戶，可以建立自

己專屬的個人資訊，包括個人照片。

2. 下圖中 1 表示不可通行，0 表示可通行，請在 3 秒內以紅線畫出入口到出口的通路

入口

1	1	1	1	1	1	1	1	1	1	1	1
1	0	0	0	1	1	1	1	1	1	1	1
1	1	1	0	1	1	0	0	0	0	1	1
1	1	1	0	1	1	0	1	1	0	1	1
1	1	1	0	0	0	0	1	1	0	1	1
1	1	1	0	1	1	0	1	1	0	1	1
1	1	1	0	1	1	0	1	1	0	1	1
1	1	1	1	1	1	0	1	1	0	1	1
1	1	0	0	0	0	0	0	1	0	0	1
1	1	1	1	1	1	1	1	1	1	1	1

出口

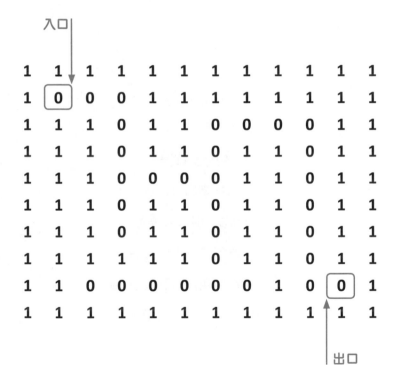

3. 請以一秒的時間觀察從身邊經過的陌生人，並回憶他身上的所有特徵與服裝，越詳細越好。

(請拿起一枝筆，直接寫在本頁空白處，或是另外書寫在白紙上也可以。)

持續練習就能持續成長

完成前面的訓練速讀眼項目後，若想讓自己繼續進步，應該再進行哪種訓練才好？可以的話，最好重新進行各種訓練，如果有困難的話，就重點式進行，必須徹底讓自己習慣以較快的速度閱讀，這一點非常重要。

從來就不存在「只靠這些就完全學會了」的情形，尤其在初期階段裡，平時越努力就越能看到成長的結果。但常有人說：「我訓練了一陣子後，突然不再像以前一樣進步，甚至是停滯不前，我該怎麼辦？」

這種現象常見於某種技能訓練上，不免俗速讀的訓練中也常常發生，許多人因此以為「這大概就是我的極限了吧」，對自己感到挫折。什麼時候會出現這樣的現象，完全因人而異，也有人完全不會出現，以我個人經驗來說，其實真的不必太在意，只有持續訓練下去才能持續進步。

後面幾章將帶你進入真正的油漆式速讀術，透過進階版的訓練項目，養成快速「看」和快速「記」的習慣，應用在日常生活中。

第三章
實行油漆式速讀術

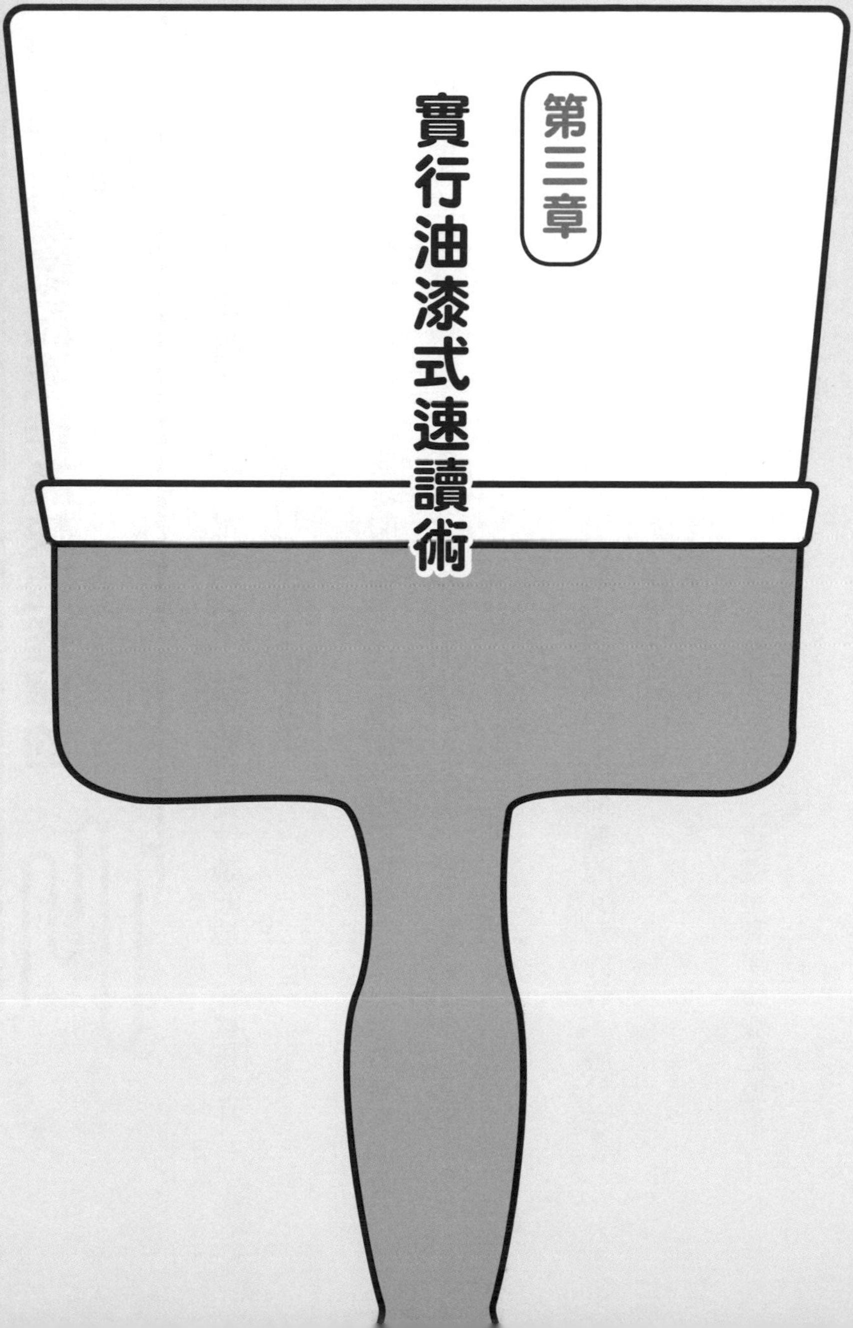

01 利用殘像記憶作為快速理解的基礎

很多人總認為速讀就是略讀或粗淺瀏覽，最喜歡質疑速讀的地方，就是憑什麼在速度那麼快的情況下，還能維持水準以上的理解力？

事實並非如此，速讀不但要求閱讀速度逐步增加，相對也要求理解力的同步配合。當各位進行速讀時，理解力多半來自兩種管道，其中所代表的意義也各有不同：

第一種是初淺的文字理解力，也就是我們意識上所理解的文章內容，屬於左腦型低速記憶，不但理解較慢，記住的資訊也會很快忘掉。

第二種是真正屬於速讀訓練後所具備的快速記憶力，也就是利用殘像記憶形成的超高速的右腦綜合理解力。

什麼是殘像記憶？

由於高速閱讀時絕對不可能將內容一字不漏地全部看完，有些訊息雖然也攝入了視網膜中，並不會立刻消失，這時會出現極短期的記憶效果，這段記憶就稱為殘像記憶。

什麼是殘像記憶？就是一種潛意識記憶。

各位都有在房間準備關燈的經驗，當眼睛直視燈泡關掉的片刻，在某一極短暫時間，周遭環境雖然一片漆黑，腦海中仍然會感覺到燈泡是亮的。

殘存的時間雖然不長，記憶總歸就是記憶。

雖然眼睛並沒有逐行逐字的閱讀，但是潛意識中會自動將文字內容的殘像轉印到大腦。大腦也會根據潛藏的背景知識，對所接收的殘像記憶迅速進行解讀。

大腦的思考運作能力比眼睛接收能力快上太多了，因此殘像記憶的理解力是屬於一種超高速的思維活動。

在大腦中樞區會根據自己儲存的背景知識，對所接收的訊息迅速進行跨感官整合與解讀。當閱讀速度越快時，越能激發起大腦調整殘像形成的時間與強度。

這就是伴隨速解力的速讀基礎，速讀力雖然看起來好像奇蹟，不過卻是任何人都能培養的能力。

速讀決定於感覺，信心才會帶來速度！

經過良好速讀訓練的人，不但能讓視覺器官發揮最大作用，還可以使得眼睛和大腦接受訊息的節奏趨近於同步。只要各位勤於練習，讓眼睛的視覺感知與大腦思維的理解迅速統一，就能發揮最佳的速讀效果。

殘像記憶練習

1. 請以一秒的時間看完後，說出有哪些動物？

2. 請以一秒的時間看完後，說出有幾個男孩？

3. 請以一秒的時間看完後，由左至右，由上到下說出以下八個數字。

4. 請以一秒的時間看完後，說出水果的種類及數目。

5. 請以一秒的時間來判斷下圖的十二生肖，少了哪五個生肖 ？

02 掌握關鍵字，就不需要深入閱讀

重點化零為整，掌握文意核心

當很快速讀完一本書後，很多人都會感到有點不安，總覺得：「我真的看完了嗎？」但想要在短時間內快速閱讀，絕對不可能逐頁熟讀，事實上也無這個必要。

想要竭盡所能從一本書去收集完整資訊是最差的閱讀方法。

對於生活忙碌的人來說，如何快速在許多書籍中快速吸取有用資訊，已經成為不可或缺的本領了。

一篇文章或者一本書中，我們不需要去理解每個文字的意思，而是要從大處著眼來閱讀，掌握文章中的主要思想，找出重要的部份。

東晉的大詩人陶淵明，主張「好讀書，不求甚解，每有會意，便欣然忘食」，痛恨閱讀時計較字句及小枝小節的文意，在古人中更是獨樹一格，且充份具備了現代速讀的精神。

如置身大賣場的限時搶購

相信各位都有逛大賣場的經驗，剛踏入大門是迎面而來的冰涼冷氣，接下來看到的是琳瑯滿目與堆積如山的貨品。

我是屬於那種很喜歡逛美式大賣場的顧客，也很懂得其中的購買經驗，通常很快就能買到想買的東西。許多沒有經驗的人一定量頭轉向，不但要花上許多時間，還在賣場中走不出來。

有時候大賣場經常會舉辦限時搶購的活動，顧客必須在有限時間內找到促銷搶購的商品，正如同我們在速讀時的情況一樣。

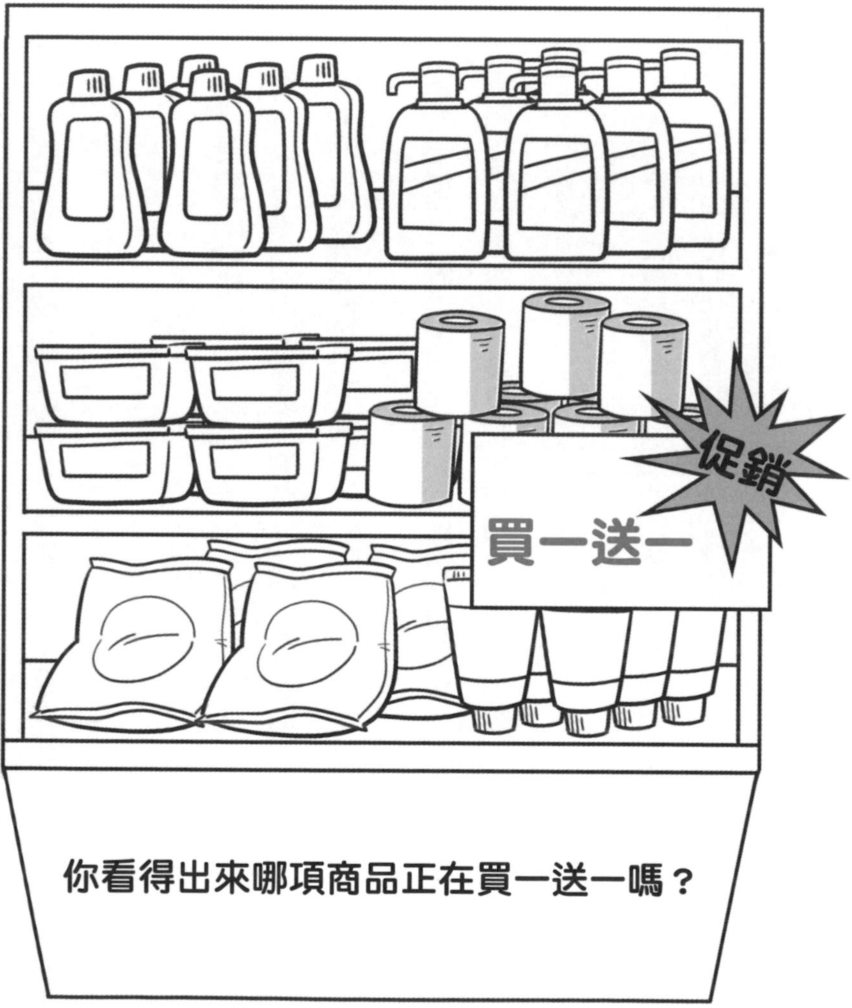
促銷
買一送一
你看得出來哪項商品正在買一送一嗎？

賣場內琳瑯滿目的貨品就像文章中密密麻麻的文字，必須要懂得縮小範圍，快速找到想要商品的貨架，這就像是我們要懂得找出文章中的關鍵字。

速讀的主要精神是以「快速理解文字」為訴求，重點在於速讀時能從整篇文字中準確地找到關鍵字，再透過對文章中關鍵字的連結，來達到對整篇文章內容的理解。

我們可以這樣比喻，如果一本書有三百頁，最精彩的部份往往只會在其中的六十頁中，要完全吸收這六十頁內容也是不太可能，我們終究要縮小範圍，這時就必須找出關鍵字所在。

速讀就是當整頁文字湧進眼睛時，關鍵字也能在視野中清晰展現。

關鍵字是文章中重要的詞語，一本書不會全部排列著關鍵字，通常是以名詞或動詞為主。這些關鍵詞語往往受到如ＶＩＰ般的貴賓禮遇，旁邊會有許多文字襯托其左右。一旦看到關鍵字務必要馬上留意，其他地方就可棄如敝屣。

必須具備「忘記的能力」

我經常在「油漆式速讀術」巡迴演講開場白時，單刀直入地告訴聽眾：「為了想要記住，先要學會如何忘記！」

此話一出經常引得全場嘩然，每個人都丈二金剛摸不著頭緒，這種逆向思考的想法總是很難讓大家馬上接受。大多數的人越是想要記住，記憶效果往往就越差，這聽來有點矛盾，但卻是不爭的事實。

記憶的秘訣不是用力去「背」，而是把「要記住」的念頭給拋到一邊。我們從小就被灌輸「忘記」是不好的觀念，能記住的人才能獲得讚美，其實大錯特錯！

記憶力差的人往往對「忘記」有心生的恐懼感，如果存在這個心理因素的話，就很容易引起交感神經的異常動作。

從醫學上來看，交感神經及副交感神經組成了人體的自律神經系統，人體中

理財規劃顧問
大腦的架構
瞭解自己的實力
不猶豫
跳到你眼前的詞語，
就是「關鍵語」。
把關鍵語寫在
筆記本上

大部分的器官同時接受交感神經及副交感神經的支配。交感神經是屬於對外的作戰系統，能即時應付外來的緊急狀況；副交感神經則是對內的調整系統，使人體的生理系統活動力降低。

交感神經一運作，大腦便無法發揮作用。

例如許多人考試中緊張失常，原本在考前背得滾瓜爛熟的公式，卻在拿到考卷的瞬間，卻突然發現自己腦海中一片空白。這些狀況都是由於精神過於緊繃，而引起交感神經異常亢奮，而使大腦記憶迴路循環不流暢，最後就會出現記憶力衰退的結果。

通常本身閱讀速度較慢的人，如果在速讀文章時過於急功心切，當越想要讓自己讀得快，反而越會引起交感神經過於亢進。

想記的念頭越強，大腦的記憶中樞反而陷入空轉。

先讀目錄，越容易快速深入閱讀

當各位準備速讀一本書之前，先看看目錄是一個很好的習慣，目錄能幫助你決定書中哪些是自己覺得重要的部份，這樣更能大幅提高吸收資訊的效率。

大多數人都知道有些地方看不懂也沒關係，但在內心深處還是對「看不懂」有種根深蒂固的不安全感，這就是造成速讀障礙的最大元凶。

多數的速讀初學者經常擔心在速度加快下，會懷疑有許多地方看不清楚，動不動就想回到前面再看一下，這種現象稱為「回視」。回視停頓的時間也許很短，但是積少成多，如此一來，就很難快速往前進。

就好比在體育課時走平衡木一樣，如果心裡怕摔倒而只敢在原地磨蹭，那肯定沒走幾步就會因為站不穩而掉下來。

反觀那些訓練有素的體操高手，懷著十足信心勇往直前，還能表演出許多花式的高難度動作。速讀的主要技巧就是將擔心「看不懂」所引起的不安，轉化成「更想往後看」的念頭。

速讀訓練

各位聽完了我們所建議的方法，請試著根據以下步驟來做個速讀訓練。

首先一次一行做為視點移動的標準，練習從逐字閱讀變成逐段或逐頁閱讀。

大家盡量以看圖方式去擴大瞬間理解文字，經過這階段的訓練後，就可以將閱讀的能力提升至原本的三到五倍速度。

一次一行的視點移動訓練（文字）

出國前往機場的這段路上，可眞是百感交集，別有一番滋味
在心頭。猶記得多年前筆者要出國留學時（也是筆者第一次
出國），我和母親兩個人拎著兩個很大的皮箱遠從高雄搭國
光號到桃園轉車，再搭上往中正機場的直達車。一路上望著
窗外，眞捨不得台灣這塊土地。連以前認爲平凡無奇的高速
公路兩旁風景，頓時也覺得山明水秀起來，不免有股「一去
紫臺連朔漠，獨留青塚向黃昏」的感傷。

【讀後測驗】

1.（　）請問作者搭什麼交通工具到桃園？（A）火車（B）巴士（C）高鐵

2.（　）這是作者第幾次出國？（A）一（B）二（C）三

解答：1.（B）2.（A）

經過以上基礎的訓練之後，可能都還停留在音讀或心中默讀的階段，畢竟我們運用音讀閱讀文章並非一天兩天養成的習慣，要改掉還不容易。接下來請以一次讀三行做為視點移動的標準。

一次三行的視點移動訓練（文字）

通常出境的流程很簡單，只要您準備護照、登機證及機場稅交給出境
官員就沒問題啦，最多他只是疑神疑鬼的瞄您一眼，check 一下護照
上的相片是不是您本人罷了！不過也有例外。好比今年初筆者到印度

「加爾各答」去考察當地的電腦市場，在準備出境離開印度時，卻莫
名其妙地受了一頓閒氣。由於「加爾各答」機場，只有一個登機門（雖
說是印度人口最多的城市，但還是挺落後的！），所以一大群準備出

境的旅客就只能癡癡地排隊等候（因爲也只有一個出境及安檢櫃台）。
起碼排了將近三十幾分鐘，才終於輪到筆者，卻只見這位出境官員一
臉愛理不理、漫不經心的把筆者的護照收了去，之後就賊頭賊

腦的把我從頭打量到腳，再乾咳幾聲，才心不甘情不願地把護照丟還
給我；那種感覺彷彿懷疑我是印度十大通緝要犯。接著安檢時，就更
鮮了！筆者被帶上一個小台階，安檢官員也是一副如臨大敵的表情。

【讀後測驗】

1.（　）請問文章中的機場地點在？（A）中國（B）美國（C）印度

2.（　）作者在登機門排隊排了多久？（A）十分鐘（B）二十分鐘（C）三十分鐘

3.（　）作者覺得自己像什麼？（A）官員（B）通緝要犯（C）老師。

解答：1.（C）2.（C）3.（B）

接著再以一次讀六行做為視點移動的標準：

一次六行的視點移動訓練（文字）

直到近幾年來，以旅客自身意願爲主的「半自助旅遊」方式產生了。
這種「半自助旅遊」多半是由航空公司配合旅行社所安排的旅遊套餐，
您只要有三、兩好友，甚至只有您一個人就可以立刻輕鬆成行。就拿
筆者去年暑假的泰國之行來說，就是參加華航的「半自助旅遊」套餐
行程。起初我們幾個同伴還忐忑不安，雖然說我們都是喝過洋墨水，
在歐美等地也稱得上識途老馬，但畢竟這個暹羅古國充滿了神秘

色彩及人文風俗，眞怕到時候水土不服或是弄不清人情世故，而被當
地人修理一頓。即便如此，我們還是本著「明知山有虎，偏往虎山行」
的大無畏精神前往曼谷。當飛機抵達曼谷國際機場後，我們也和其他
旅客一般魚貫地走出海關（customs）並塡妥海關申報書（customs
declaration form）。泰國的海關人員倒也和藹可親，不像美國的海
關人員總是擺著一幅老K臉，唯恐你死賴在美國不走的樣子。

當我們辦完所有入關手續正準備要離開機場大門時，卻不免開始憂心人生地不熟，下站該往何處去？說時遲，那時快，我們赫然看見機場門口有位笑容可掬的華人導遊，拿著一張寫有我們英文姓名的佈告，並遙指著一台九人座小巴士（Bus）。上車之後，四天三夜的曼谷浪漫自由行就此展開。坦白說，這種半自助旅遊方式倒挺有趣的。像這位導遊多半在提供我們旅遊上的常用資訊，至於行程的安排我們倒有很大的決定權，可稱得上是"What you want, and where you go!"不過話又說回來了，要想這種「半自助旅遊」輕鬆自在的話，免不了您的英文一定要蠻「溜」的才行。這個「溜」的意思可不是要求您眞的從小英文就要頂呱呱，而是只要知道在什麼場合該講哪些話就夠啦！不需要什麼艱深的文法，也不用記憶冷僻的單字，事實上只要您國中英文學得還不錯就能夠應付自如了。

【讀後測驗】

1.（　）作者搭幾人座的小巴士？（A）7人（B）9人（C）12人

2.（　）作者去哪個國家？（A）香港（B）韓國（C）泰國

3.（　）這是幾天幾夜的行程？（A）五天四夜（B）四天三夜（C）三天兩夜

解答：1.（B）2.（C）3.（B）

經過多行速讀訓練之後，這時才是真正進入讓大腦以整頁來速讀的階段，注意確實一次只翻一頁：

一次一頁的視點移動訓練（文字）

出國旅遊最開心的事莫過於看看一些奇山異水與有趣的人文風俗。像筆者曾在泰國的曼谷大街上閒逛時，被一隻大象拍拍頭喔！也曾在印度的維多利亞博物館看到一幅有趣的壁畫。說來奇怪，當筆者站在壁畫的右邊時，發現畫中的大象眼睛正看著我；走到左邊時，它的眼睛也還是看著我。爲何如此，到現在我還是搞不清楚。其實天下之大，眞的是無奇不有；如果您事先做好旅遊行程的規劃，保證您必定滿載而歸，歡樂滿行囊！歐美各國的加油站是很普通的，一般有「全套式服務」和「自助式服務」兩種。「自助式服務」的加油站最多。這種加油站完全由自己操作，等到加完油後再到收銀檯去付錢。許多便利商店（如7-eleven）的外面都設有這種形式的加油站。另外一種「全套式服務」加油站則有專人服務，他除了幫您擦洗車窗外，也可以換機油、檢查胎壓等等，不過別忘了付小費。在國外加油站可算是長途開車旅行中的綠洲。不但可以加油、修車、洗車，更可以利用化粧室來梳洗一番。而加油站中的油品種類分爲三種等級：regular是普通無鉛汽油、super是較高級的無鉛汽油（相當於國內的九二無鉛汽油）、premium則是最高級的無鉛汽油（相當於國內的九五無鉛汽油）。在歐美等地區住過的讀者一定都很回味上超級市場大採購的經驗。那邊的超級市場眞的是很大，裡面的東西也稱得上包羅萬象、五花八門。記得筆者當時在美國留學時，最喜歡在冰天雪地中到Wegmans（紐約州的大型超市）去採購每週的食物。偌大的賣場加上熱烘烘的暖氣眞是溫暖了我們這些異鄉遊子的心。其實在這些超級市場中，食物都排列的井然有序；各種貨品都會按照部門（section）的不同來排列整齊。如果找不到所要的食物，除了可以向服務人員詢問外，也可以透過賣場中的電腦索引來查詢。

【讀後測驗】

1.（　）維多利亞博物館在哪一個國家？（A）泰國（B）英國（C）印度

2.（　）以下哪一種相當於國內的九五無鉛汽油？（A）最高級的無鉛汽油（B）較高級的無鉛汽油（C）普通無鉛汽油

3.（　）以下哪一種不是美國加油站的功能？（A）洗車（B）修車（C）購物

解答：1.（C）2.（A）3.（C）

以下也是以一次一頁閱讀以下文章，並回答問題。

一次一頁的視點移動訓練（文字）

坦白說，過境或轉機，都不是一件令人舒服的事，畢竟最好就是一上飛機後就直達目的地，省得還要被關在某個機場中癡癡地等上好幾個小時。過境呢，還算簡單，通常在您下機經過空橋旁邊的一個候機室中等候就可以了。過境的目的主要是飛機需要加油或者整組空服人員要換班之類的，您大可不必煩惱找不到下一個登機門的窘境。轉機的問題可就可大可小了！有一次筆者要前往美國的底特律市，也不知怎麼搞的，竟然要在夏威夷的火奴魯魯機場轉機。原本筆者還沾沾自喜，因爲轉機的機票比直達飛機的機票還便宜一些些。當飛機順利在火奴魯魯機場著陸後，我本來以爲到達下一班轉機的登機門只要走幾步路就到了（在那之前我只有過境的經驗，但從未曾轉機。），誰知道空服人員告訴我要到下一個航空站B的32號登機門。

天呀！這時我才心頭一驚，在這陌生的茫茫機場中，哪裡才是我的登機門（您不要不信邪，日後各位轉機時就知道苦頭囉！）？後來問了四、五個人，找到了方向又搭了機場小巴才順利看到該班機的登機門。這樣一來一往也足足折騰了快一個小時。這個經驗給筆者一個觀念，本以爲省錢，誰曉得差一點搭不上轉機的班機；是不是正如曹雪芹紅樓夢中所說的：「機關算盡太聰明，反誤了卿卿性命」！出了機場，終於可以呼吸一下異國的空氣了。這時的您手上拎著大包小包的行李，最好是先到住宿的旅館沖個涼，把行李放置妥當。當然如果您有導遊，那麼從機場到旅館的這段路就不用擔心；因爲他會幫您打理妥當。如果沒有的話，有兩種方式是蠻好的；一種是直接搭計程車到旅館。雖然在機場叫計程車較貴，但一般來說，如果您對這個城市完全陌生，這是一個最方便的方法。另外，如果您有國際駕照的話，不妨在機場內的租車櫃台租車，如此一來，您就可以憑著地圖指引，想到哪就到哪去玩囉！旅館除了可以給您住宿服務之外，水準以上的旅館還可以提供許多客戶服務及休閒設施；有時候值得您花一整天的時間泡在旅館中享受它提供的各種服務。以筆者來說，每當住進一家新的旅館，首先一定先了解游泳池的位置。信不信由你，游泳的確是一種非常有益身心的運動，特別是對身處異國的各種水土不服的毛病特有奇效。通常我早上起床後（不論我晚上玩到多晚，大概都會在八點就醒了！），第一件事就是到游泳池報到。游了一個小時之後，就作個三十分鐘的日光浴，接著再到健身房跑慢跑機，等到流了一身大汗，就打道回房間沖個淋浴。每天如此運作一番，保證您神清氣爽，所有旅途勞頓通通一掃而空。

在國外點早餐時，多半有兩種：一種稱爲歐式早餐，另一種則稱美式早餐。這兩種有何不同呢？歐式早餐比較簡便，多半只是吐司、麵包、咖啡等。但美式早餐則較爲豐富，還包括蛋及各種果汁及培根等。旅館中的服務項目很多，但在享受服務之餘可別忘了給小費。像幫您搬行李的小弟，可按行李的件數給予每件5毛到一元美金的小費。不過對於整理房間的人員或用餐的服務人員大概要給10％～15％的服務費（通常白天是10％，晚上則是15％）。在歐美等地房間浴室中的浴缸都有裝浴簾，淋浴時請記得接上並放到浴缸內，免得地板被水濺得濕答答的。不論在房間內或房外，都應該門反鎖；外出時也務必將鑰匙交給大廳內的櫃台服務人員。另外，旅館中的長途電話很貴，千萬不要隨便亂打！

【讀後測驗】

1.（　）作者要到幾號登機門登機？（A）30（B）32（C）34

2.（　）文章中提到哪一本中國古典小說？（A）紅樓夢（B）西遊記（C）金瓶梅

3.（　）筆者住進旅館最喜歡哪種活動？（A）跑步（B）游泳（C）健身

4.（　）本文中旅館中不提供哪種早餐？（A）歐式（B）美式（C）日式

解答：1.（B）2.（A）3.（B）4.（C）

第四章

進階：獲得永久記憶的全腦速讀

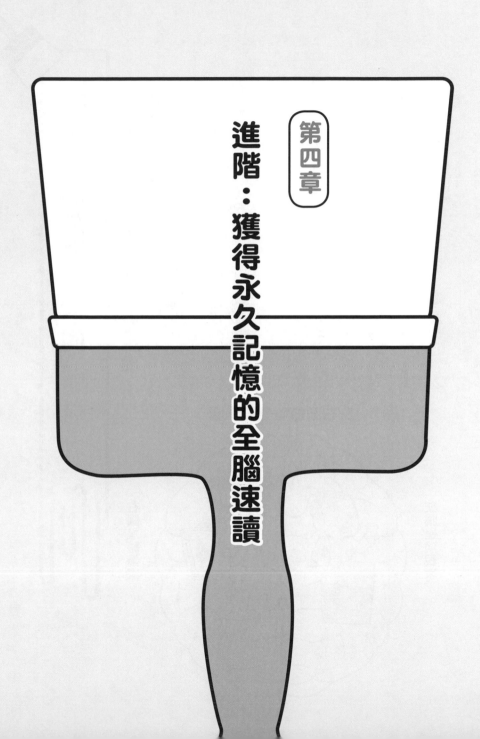

01 左腦右腦能力大不同

聽音樂時，左腦處理歌詞，右腦處理旋律

從醫學上來說，一顆大腦有著兩個分工不同的功能，右半球就是「右腦」，左半球就是「左腦」，左右腦平分了腦部的所有構造。

一般人日常生活中利用最多的就是左腦，主要幫助我們從事邏輯、數字、文字、分類等抽象活動。左腦具有學術與語言的思維能力，人類語言能力大都由左腦掌控，就像個演說家，為理智的主宰，會發出正常人

左右腦的角色扮演圖

清醒時的β腦波。

右腦掌管人類的幻想與白日夢，就像個藝術家，主要幫助我們從事形象圖形、空間、節奏、方位、直覺、情感等形象思維能力，是大腦潛能開發的所在。

許多人終其一生約只運用了大腦的3％的能力，其餘的97％都以沉睡狀態蘊藏在右腦潛能中，會發出適合學習的α腦波為主。通常做任何一項思考活動，左右腦都會同時參與，但針對不同的活動性質，左右腦的參與程度卻會有所不同。

例如計算數字或投資判斷等具有連續性和分析性的工作中，左腦的使用率較高；而欣賞電影或聆聽音樂這跳躍性和直覺性時，是使用了更多的右腦。

我們常說：「性格決定命運！」，不論你是屬於左腦或右腦的愛用者，性格才是真正決定命運的關鍵。

天才都是左右腦並用

不過人類多半習慣使用掌管語言、閱讀、書寫和計算的左腦來思考，因此我們的左腦越用越發達，卻長期疏忽了右腦的使用。

我國的傳統教育模體系，隨著學齡的增加，只要填滿老師心中的「標準答案」，就是取得高分的保證，結果是訓練了左腦，而讓右腦逐漸退化。

例如台灣學生的英文文法考試成績普遍很好，但是會話和聽力就不行了，原因正是缺乏右腦的訓練。右腦俗稱為音樂腦，擁有敏感的聽覺，所以聲音是歸右腦處理的，如果學生要突破英語聽力瓶頸，右腦就要發揮作用才行。

多數的天才都是喜歡左右腦並用的人，他們對於一個問題的思考程序，是由右腦儲存的活動圖像訊息，交由左腦進行邏輯處理。大科學家牛頓就是看了蘋果從樹上噗通掉下來的景象，就發明了萬有引力定律。

右腦與左腦的作用

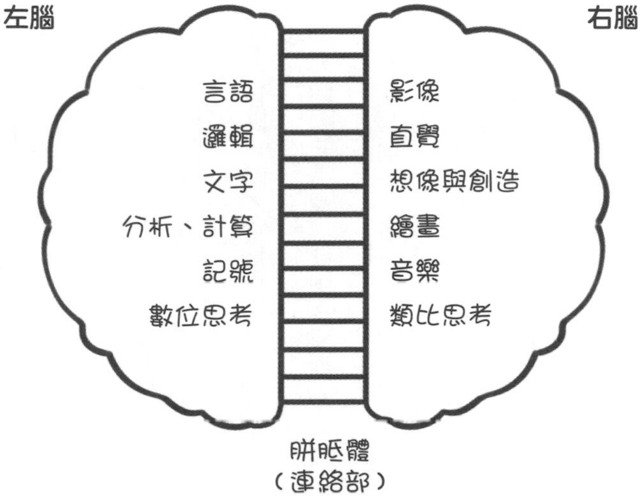

➤ 左右腦運動

閱讀有兩種：左腦式的邏輯性閱讀和右腦式的影像瞬間閱讀，讓這兩者運動，且平衡地分開使用。

這個過程是他的右腦一邊天馬行空的幻想，描繪出這個場景的圖像，左腦開始計算思考，找出合乎邏輯的公式編碼。

【大腦性向小測驗】

1. 你開車時不喜歡使用衛星導航嗎？
2. 你跟前美國克林頓總統很像，講話時能夠動人心弦？
3. 左右兩手都可以自由運用？
4. 愛好古典音樂，但也注意流行音樂排行榜？
5. 當你將雙手交叉環抱胸前時，習慣左手臂壓住右手臂？

解答：如果你1～5題都選擇是的話，那麼你應該是右腦型的人了。

啟動右腦圖像閱讀功能

閱讀是大腦的一種綜合性感知活動，因此左右腦必須兼顧，不過可以依照情況來分開使用。當各位閱讀時，直接將所吸收的訊息描繪成鮮明的圖像來處理，這是屬於高速大量記憶的右腦速讀法。

速讀能力要好，右腦圖像成形能力一定要好！

人類對圖像的理解能力遠遠超過單純文字，輸入大腦訊息如果能轉為視覺化圖像，記憶的效果就會越好，這種現象稱為「圖片優勢效應」（pictorial superiority effect）。右腦不但能夠發揮獨自的圖形、空間、繪畫的形象思維能力，同時還具有做為「腳本陳述者」的卓越功能。

例如我們在房間中聽到門外的腳步聲，就能判斷是哪個人靠近，甚至還能浮現他的臉孔長相，這都是拜右腦所賜。懂得運用右腦的人，不但能夠開啟大腦潛能中的想像力，右腦記憶就是圖像記憶，是一種超高速記憶，具有瞬間接受大量訊息的功能。

各位不妨嘗試翻閱一些數理高材生的筆記，就可以發現在眾多定理與公式中一定穿插著豐富的圖解說明，這證明了他們都是利用右腦圖像方式來記憶與理解

02 全腦速讀就像是在看電影

鍛鍊聯想力，也同步增強理解力

油漆式速讀術的全腦閱讀方法就是以右腦圖像快照方式來進行速讀，要做到看到文字的瞬間，右腦（潛意識）立刻快速描述圖像，左腦（意識）理解詞意，達到左右腦共用的全腦學習效果。

簡單來說，就是在看書時，不只是閱讀文字，還要發揮右腦的想像力，進入書中所描繪的世界，竭盡所能讓閱讀變得有如欣賞電影畫面一樣，在腦海中的圖像越生動鮮明，記憶力就會有跳躍性的進展。

圖像生動化是達到速記成效的一個重要關鍵，如果能在圖像中加入幽默與卡通的元素，讓色彩與形象越是生動活潑，記憶效率就會越高。

各位不妨試著回想一下，儘管是很久以前看過的國家地理雜誌節目，電視畫面中那些秀麗的山川景致，到現在回憶起來，可能依然歷歷在目！相對的，那些當年為了考試而死硬強記的地理課本中的複雜地形，今天恐怕早就忘光了。

圖像確實可以快速加深我們的記憶，例如我們花了一個半小時就看完《哈利波特》的電影，多年後也能在腦海裡浮現劇中場景。如果是閱讀原著的文字小說，不但可能花上三天三夜也看不完，幾個月後印象就可能十分模糊了。

借力使力——圖像與聯想力的應用

想要在速讀文章的同時，達到高效率的右腦圖像效果，並不是一朝一夕就可以做到。除了要先練成一目十行的功力外，還要有能將故事情節彼此加以聯想的能力。

右腦具有自主性，能夠發揮獨自的聯想力，原理就是把相互之間沒有任何關連的學習內容，通過奇特誇張的聯想過程，將這些不相關的內容連結起來。

許多記憶專家都指出，聯想其實就是一種借力使力的連結過程，由於記憶都是儲存在大腦的神經元上，聯想則會讓更多神經元參與其中，日後提取這個記憶自然越容易。

聯想時如果加入越多的感官刺激，記憶效果還會越好，包括看見的影像、聽到的聲音、摸到的感覺等，充份發揮多重感官聯想力，就能讓短期記憶轉變成中長期的記憶。只要透過靈活的聯想，新舊記憶間可產生最佳且最多的連結，大腦機能區也會越活躍，自然就會同步提高了記憶力。

全腦速讀練習

首先請實際利用全腦速讀方式看完以下文字範圍，並立刻將文字內容轉為具有情節的右腦圖像：

他一拐一拐地走到屋外的劈柴墩上，坐下來用力揉著自己發麻的雙腳，卻發現在小屋竟然有如此壯觀的景緻。放眼望去，金光萬道，火紅的太陽也正由遠處大海的盡頭，一點一點冒出頭來。整個原本碧藍無垠的大海上，好似鋪上了一襲金色地毯般的燦爛奪目，籠罩在飄緲雲霧中的山容，頓時天雲清朗，一望無涯。就如同多少魯凱與排灣族人口耳相傳的讚美，大武山的美就是在山連海，海又連天。此刻天空上飄來幾朵有如棉絮般閃閃發亮的雲彩，四周佈滿了千變萬化的光影，讓整個天空與大海互相輝映。簡直就像一首動人心魄的古曲，涼風吹來，樂音就隨風中飄逝。這樣的天地海山之美，讓第一次好好坐下來欣賞日出的卡多，對生命與大自然的結合，有了更深層的體會，令人不可言喻。欣賞完這樣的風景後，卡多看雙腳也舒服了許多，便跳下劈柴墩，起身準備爲巴冷和自己打理早餐。首先他沿著小徑，走到背著陽光的山坡旁草叢，彎下腰不停翻找，期間還被幾隻頑皮的獼猴拿小石子攻擊，最後幸運的在一處佈滿青苔的大石頭下找到了一叢蛇莓。

以上是我用右腦描繪出的圖像，各位也可加上多重感官聯想，想像在耳邊響起原住民的古曲樂聲，鼻子中吸進晨曦中露水與青草的香味，臉旁吻著陣陣微寒海風，讓圖像以3D動態的效果呈現。

【讀後測驗】閱讀完後，請依照圖像記憶回答以下問題：

1.（　）請問文章中沒有提到哪一族？（A）排灣族（B）魯凱族（C）阿美族

2.（　）文章中有提到哪一座山？（A）大武山（B）阿里山（C）都蘭山

3.（　）卡多在大石頭下找到什麼？（A）靈芝（B）香菇（C）蛇莓

解答：1.（C）2.（A）3.（C）

接著請練習以眼腦直映的方式，一邊快速理解文字的排列組合，一邊則利用右腦將收到的訊息不斷地描繪出圖像。

他看時候不早了，巴冷應該起床了，於是準備回去。在返回小屋的路上，卡多又順手挖了一根長相肥碩的山藥，這種山藥不但甜美，混著山豬肉快炒來吃，聽說對身體虛弱的人有不錯的療效。他想巴冷昨天走了一天的山路，體力一定透支，這時可得多煮一點好吃的食物讓她趕快補充體力。這時早晨的輕風吹的卡多神清氣爽，又想到巴冷昨晚熟睡時的可愛表情，臉上不但堆滿著幸福笑容，沿路更是興高彩烈的吹著口哨。在走回小屋的路上，他好像走路有風般，三步併做兩步的快速前進。到了小屋外，就在屋外的小溪旁，生了柴火。他井然有序地將一切食物該煮的煮，該洗的洗，一點都不馬虎。單憑卡多的外表看似粗線條，絕對看不出來他烹調起食物來會如此細心。準備就緒後，卡多先在門口往內聽了一下，發現裡面鴉雀無聲，心想一定是還在貪睡。他興奮地打開小屋那道半開破舊的門，向裡面大聲叫道：「小懶豬，該起床囉！肚子是不是餓了？」

這張圖像中希望營造出山中場景間的立體感，要有點走在山上小路的感覺，並想像柴火堆旁，有著一些準備的食物。以下是我所描述的右腦圖像：

【讀後測驗】閱讀完後，請依照圖像記憶回答以下問題：

1.（　）卡多向屋內叫了一聲？（A）小姑娘（B）小懶豬（C）愛睡蟲

2.（　）文章中卡多沒做哪一件事？（A）切菜（B）煮菜（C）生火

3.（　）卡多認為哪種東西有療效？（A）野菜（B）紅棗（C）山藥

解答：1.（B）2.（A）3.（C）

下面的文字閱讀，要盡量做到忘記文字的傳遞，讓右腦瞬間將訊息圖像化，就是直接以一秒的時間看字就想圖，腦中已無任何文字的痕跡。

當他往裡面一看時，心中大爲駭然，頓時嚇出了一身冷汗，慌張地說道：「公主，妳在哪？不要嚇我，發生什麼事了！」眼前的小屋內，原本他出門前早已整理妥當，可是現在這間小屋幾乎成了斷垣殘壁，兩面牆壁都破了個大洞。所有的東西都亂成一團，紛紛散落各處，簡直就是經過了一場激烈的搏鬥。但最糟糕的是本來在屋內熟睡的巴冷，已消失了蹤影。卡多心急如焚的翻遍屋內各處，只發現了牆上留有斑斑的血跡。他幾乎抓狂，用著近乎哽咽的聲音呼喊巴冷。確定了巴冷不在屋內後，卡多心中有了不祥的預感。莫非是……，他想到了可怕的黑色殺人魔。他緊閉雙唇，迅速帶上祖靈番刀與藤盾，把脫下來的戰盔再度戴上，背上了弓箭，已有了決一死戰的決心。整束妥當後，他以迅雷不及掩耳的速度往足跡散亂的方向飛奔而去。一路上卡多不斷自責，怎麼如此疏忽，還會將巴冷一個人留在屋內。昨天明明就聽到了黑色殺人魔的聲音，爲什麼還那麼的不小心呢？他心中默禱，祇求祖靈們能夠保佑魯凱族最尊貴的巴冷公主，即使用自己的生命來換取她的平安，也在所不惜。蒼天在上，祖靈在上，如果這次巴冷能幸運脫難，他發誓一生一世都再也不會離開她。即使這次爲她而戰死，自己的靈魂也將會化做一道七色彩虹，永永遠遠守護她。

這張右腦圖像必須將屋裡屋外的空間感表示出來，以形成強烈的對比。主角心中的恐慌跟著急，似乎還讓我們感覺到他急促的心跳聲。１２０頁的圖是我們腦海中可能描述出的圖像：

【讀後測驗】閱讀完後，請依照圖像記憶回答以下問題：

1.（　）原先巴冷在屋內做何事？（A）煮菜（B）熟睡（C）整理房間

2.（　）昨天卡多有聽到什麼聲音？（A）黑色殺人魔（B）白色殺人精（C）頑皮獮猴

3.（　）卡多願化做哪一種東西保護巴冷？（A）天使（B）彩虹（C）祖靈

解答：1.（B）2.（A）3.（B）

第五章

高階：忘也忘不掉的多層次迴轉記憶法

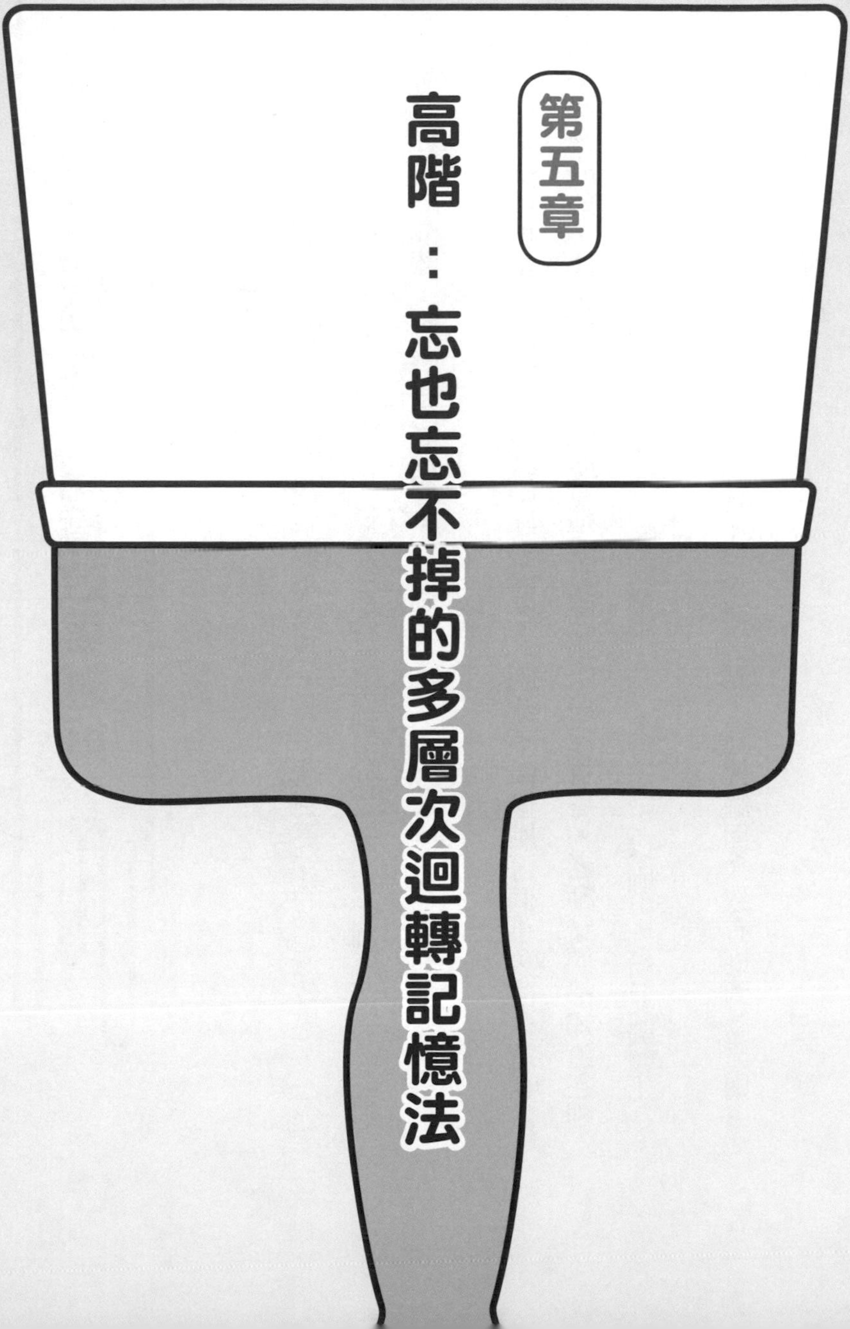

01 重複次數越多，記憶效果越好

大腦皮層中刷上多層油漆

對自己記憶力沒有信心的人在學習速讀時，為了達到更好的記憶效果，一定要採取類似「刷油漆」的方法。相信各位都有看過別人在一面牆前刷油漆的經驗。如果是你來刷油漆，應該要怎麼做？

如果想要只刷一次的功夫就刷好整面牆，因此不斷塗刷每個小角落，這種做法不僅會成效不佳，刷完後反而會造成整面牆上疙疙瘩瘩。老師父們都知道在刷油漆時，絕對不要勉強一次就完成，多刷個兩、三次反而可以刷得均勻又美麗。

正確的做法應該刷一層漆時就盡量漆薄一點，把握牆面大致有刷到為原則，不必在小範圍內修修改改。

第二層刷漆也是以補齊上一刷時的空隙或不好看的地方，每次粉刷差異會越來越小，盡可能讓每個角落的色澤都能均勻。

第三層刷漆時是針對前兩次色澤不足的地方進行最後的修改，以求達到完美的刷漆效果。

只要油漆刷過的地方，一定會留下漆色的痕跡，也唯有透過多層次地粉刷，來彌補上一層刷不完善的空隙，牆面才會真正均勻漂亮。

油漆式速讀術中所主張的「多層次迴轉」速讀，強調多層次的精神就是不斷重複閱讀，如同各位的大腦中重複刷上好幾層漆。

當各位第一次開始接收到新訊息時，就如同在大腦皮層中刷上第一層油漆，不論接收時間的長短，記憶的痕跡始終會存在。

如果有遺漏，還可藉由下一層刷漆時進行補強。只要多刷幾次，記憶的時間越長，自然能夠在大腦中產生更好的記憶效果。

要做到多層次迴轉的目標，就必須排除從小養成的觀念，也就是「書頂多反覆看個一兩次就夠了！」的常識。不要期待一次就看懂，多看幾次才是王道，容忍在每次速讀時，對於看不懂的地方讓下一次閱讀來解決。不要小看重複的過程，重複是記憶之母，是把短期記憶真正移轉為長期記憶的一個重要過程！

02 不要懷疑，重複看到自然理解

重複越多，熟悉感自然會越好

相信許多人都有吃過迴轉壽司的經驗，剛開始看到運輸帶上五花八門的壽司時，肯定是眼花瞭亂。剛想選擇某些菜色，一溜煙又從眼前消失，連名稱跟價錢都看不清楚。不過迴轉了幾次之後，就會慢慢記住想吃的壽司位置與價格。

為什麼會記住了？重要的關鍵就在重複概念，也就是我們不斷重複看了幾次迴轉臺上的壽司。例如有些艱澀的書籍不多看幾遍，很難了解意思，即使花了許多時間，對書中的重點還是記不住。

相信許多人都有這樣的經驗，但是卻又不知道怎麼辦才好？一旦看到不懂的地方，整個頭腦就會僵住，繼續在原地打轉無法動彈。這時候就會鑽牛角尖，有些地方沒讀懂就會有一種揮之不去的不安全感，這種不安就是阻礙我們速讀的最大元凶。

千萬不要讓大腦停頓下來，設法讓大腦順暢運作，繼續往前邁進，如果真的不懂，放心交給下一次速讀時來理解。一次又一次地重複速讀，不知不覺就會發現理解力提高了，上一次看不懂的地方，下一次速讀時忽然就懂了。

各位讀書時，千萬不要想一次就看懂，油漆式速讀術十分強調重複閱讀的重要，在重複速讀的前題下，允許有限量的遺忘。

請注意！當至少已廣泛速讀一遍後，對內容會有某種程度的了解，因此下一次要再速讀同樣內容時，對於內容所產生的共鳴也會增加。下一次要再速讀同樣內容時，請盡量讓速度加快，就像在一條熟悉的道路上開車，請輕踩油門加速。有人會說：「因為之前已經看過一遍知道內容了，當然速度會變快。」不錯，這就是速讀的最大好處。

因為是速讀，所以能比一般人閱讀更多次

請保持一種「放鬆認真」的心情，因為即使這次沒記住，下一次重複時還可再了解一遍。在「多層次迴轉」速讀的過程中，不要在乎「想記住」這件事，要自在輕鬆，能夠做到的話，才能從交感神經異常的束縛中解放出來。

03 實用練習——背單字

單字圖像化，記憶必然更深刻

背單字，是個不折不扣的小問題，但是背大量單字，可真是一個如假包換的大工程。油漆式速讀術的原理除了適用於看文章之外，也可以用來在短時間內背大量英文單字。

我們要求的是認識 (recognize) 大量單字，而不是馬上記熟 (memorize) 其中的每一個單字，所以並不用要求每個字母都能精準地記憶下來，不過要做到看到這個單字，就能馬上認識它的中文詞意。

許多英文單字可能有數個不同的中文解釋，為了符合油漆式的速讀原則，剛開始只要認識這個單字的其中一個中文註解即可。

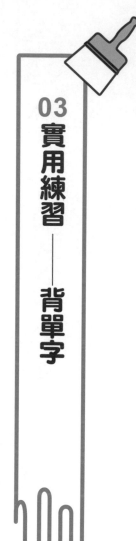

背單字時的記憶就是屬於瞬間記憶，是一種未經任何加工的型式，當下你即使花再多的時間，記憶效果都是非常有限，通常每個單字平均只要花 2～3 秒來背就可以達到同樣的記憶效果。

油漆式速讀術能夠幫助大家在短時間速讀大量單字的原理，除了圖像記憶的功用，最重要就是必須包含重複記憶的應用。

各位首先要學習如何將字母組成的英文單字，透過聯想力轉換成輔助記憶的右腦圖像。對背單字來說，卡通化、誇張化、色彩化是三個圖像聯想基本原則。在腦海中的圖像越生動鮮明，記憶就越持久，所以圖像的生動化是速記單字成效的一個重要關鍵。

例如講到「柳丁」(orange) 這個單字，可以輕而易舉想到桌上一顆黃澄澄的球狀物，而提到熊貓 (panda)，你不妨想像功夫熊貓電影中，那隻活蹦亂跳學武功的阿波，一副圓滾滾又好吃懶做的模樣。

不過有些單字就很抽象了，無法馬上以具象的圖形表現，此時就可以象徵性的人事物來替換。

例如「夢想」(dream) 一詞雖然沒有具體的意象，但不妨以美國新任總統「歐巴馬」的形象代表，畢竟他實現了美國建國以來，非裔移民的最大夢想。

接下來我們將利用 133 頁表格內的 10 個單字來做練習，每個單字以 2～3 秒的時間速讀一遍。在看單字的同時，請立即為單字創造右腦的視覺圖像，並對應一個中文解釋來快速理解。

上述請重複 3 次速讀過程，依照個人的熟悉度而定，並把握住我們所建議的聯想原則，請直接選擇第一個中文意思來創造圖像，那通常也是這個單字使用頻率最高的中文意義。

各位在看到每一個單字的同時，理解加上聯想，先大致拼湊出個別圖像的架構，並對應一個中文詞意快速理解。

breakdown	[`brek͵daʊn]	故障；拋錨
upstairs	[`ʌp`stɛrz]	在樓上
wallet	[`wɑlɪt]	皮包
shout	[ʃaʊt]	大聲叫喊
vinegar	[`vɪnɪgɚ]	醋
valentine	[`vælәntaɪn]	情人節的情人或禮物
university	[͵junә`vɝsәtɪ]	大學
raincoat	[`ren͵kot]	雨衣
pronounce	[prә`naʊns]	發音
quarter	[`kwɔrtɚ]	四分之一；一刻鐘；（美金）25 分

以下是我提供的這十個單字的右腦圖像建議， 各位當然可以各自發揮想像力，天馬行空自行創造。

breakdown
[`brek͵daʊn]
故障；拋錨

計程車停在路上，前面的男人做出無可奈何的表情，表示車子拋錨。

upstairs
[`ʌp`stɛrz]
在樓上

老奶奶站在樓梯之上，以箭頭指出她是在二樓的位置

wallet
[`walɪt]
皮包

立即想到太太小姐們手上那些五顏六色的包包，有皮夾、小錢包、皮製小旅行袋等。

shout
[ʃaʊt]
大聲叫喊

一個小朋友突然發現爸爸媽媽不見了，放開嗓子拚命大叫。

vinegar
[`vɪnɪgɚ]
醋

瓶子上寫著臺灣醋，旁邊又放著檸檬片，讓人聯想到酸的感覺。

valentine
[`væləntaɪn]
情人節的情人或禮物

後方有愛心圖案與愛神邱比特，前方有花束與巧克力，讓人聯想到情人節的情人或禮物。

university
[ˌjunə`vɝsətɪ]
大學

前方有學生模樣的少年拿著筆記本，後方的建築物寫著大學名稱與系所，因此可聯想到大學。

raincoat
[`renˌkot]
雨衣

後方烏雲密布，閃電加上下雨，前方的男人開始穿起雨衣。

pronounce
[prə`naʊns]
發音

學生在前方，老師指著黑板在教授音標的唸法。

quarter
[`kwɔrtɚ]
四分之一；一刻鐘；（美金）25分

時鐘以顏色顯示四分之一的區域。

接下來是鞏固記憶的過程，請試著把中文註解遮住，並測驗是否記得這個單字的中文意思，測驗時間約 10 秒。

bachelor	[ˋbrekˏdaʊn]
vegetarian	[ˋʌpˋstɛrz]
wallet	[ˋwɑlɪt]
shriek	[ʃaʊt]
ache	[ˋvɪnɪgɚ]
admiration	[ˋvæləntaɪn]
accomplice	[ˏjunəˋvɝsətɪ]
jail	[ˋrenˏkot]
hail	[prəˋnaʊns]
vehicle	[ˋkwɔrtɚ]

測驗時你會發現一看到這些單字，腦海中會馬上浮現剛才的圖像，然後才出現中文字意，這就是全腦速讀的好處。初學者要快速達到右腦成像的效果並不容易，書中只是建議的圖像，各位一定要嘗試建立屬於自己的右腦圖像。

【隨堂測驗】1. 請利用 30 秒時間，記住以下 5 個單字。

cattle	[ˋkætḷ]	n.（集合稱）牛
cow	[kaʊ]	n. 母牛
credit card	[ˋkrɛdɪt kɑrd]	n. 信用卡
gym	[dʒɪm]	n. 體育館
kiss	[kɪs]	vi. vt. n. 吻

cattle

cow

credit card

gym

kiss

【隨堂測驗】 2. 請利用 20 秒時間，記住以下 6 個單字。

examination	[ɪgˏzæmə`neʃən]	n. 考試（exam）
forgive	[fɚ`gɪv]	v. 赦免；原諒
garage	[gə`rɑʒ]	n. 車庫
housewife	[hʌzɪf]	n. 家庭主婦
large	[lɑrdʒ]	adj. 大的
lunch	[lʌntʃ]	n. 午餐

examination

forgive

garage

housewife

large

lunch

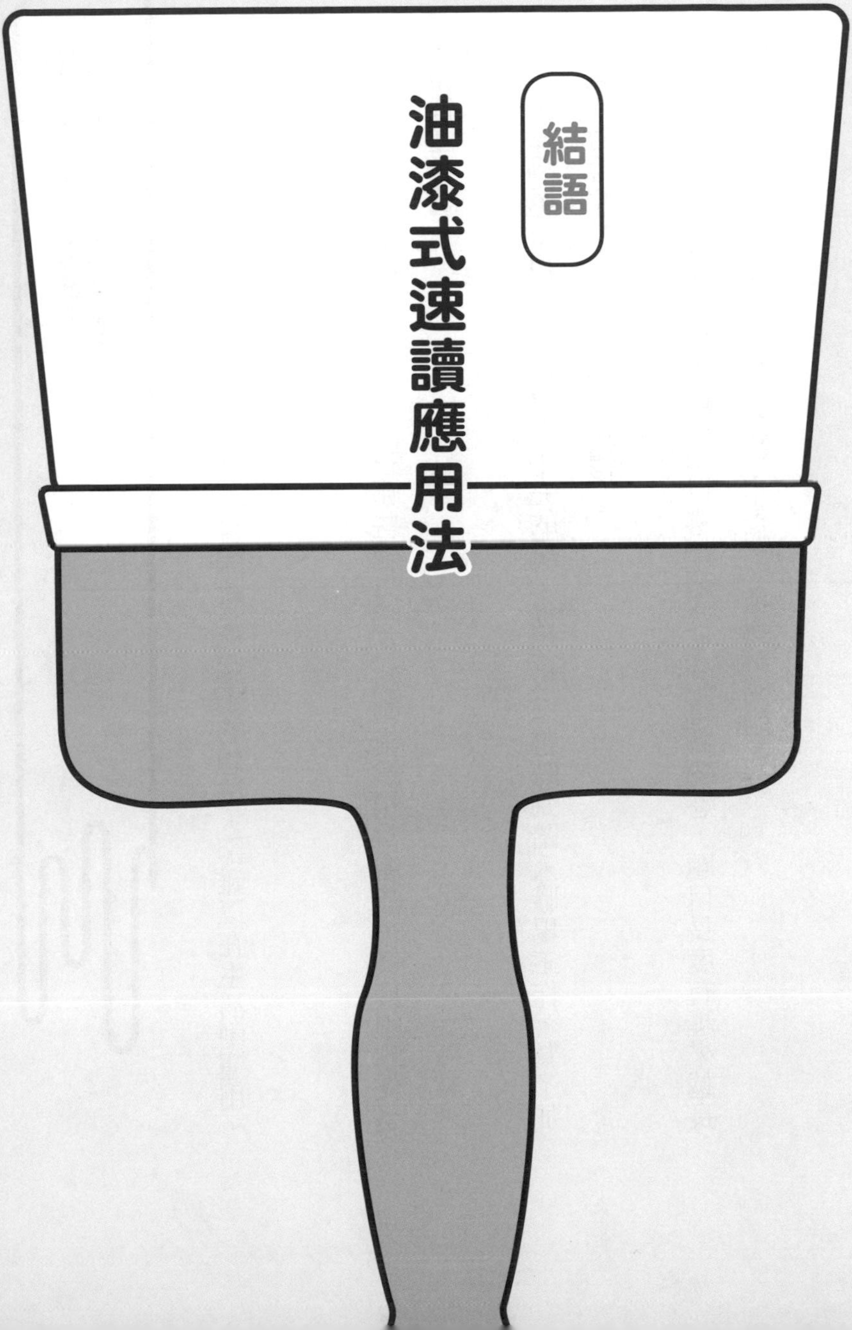

結語

油漆式速讀應用法

01 考試與證照

許多人經常看完了一堆書後，只是空有滿腦子的想法，卻難以在生活中運用，那就真的太可惜了。

油漆式速讀術能夠被活用在哪些地方呢？範圍當然相當廣泛，最具體的就是參加各種考試。

現在的學生似乎永遠有考不完的試，從學校念書時到踏入職場工作，為了加薪還要考證照，考試總是如影隨形。

由於目前考試的型式都採用以選擇題為主的電腦閱卷，題目長度有越來越長的趨勢，這時不只是實力的考驗，更像一種與時間的競賽。

閱讀速度慢的學生將會陷入兩難的情況，因為無法在有限時間內做完全部題目的可能性增高，如何在短時間內搶答大量題目，並能適當來分配答題時間，就是通過考試的必勝關鍵。

通常大多數人都是一進到考場，迫不急待地看到題目就想答題，以為就跟跑百米般，不管三七二十一向前衝就有用，稍微不小心，就會被困在某一道題目而不能自拔，搞的自己陣腳大亂。

考場如戰場，考試可不能一步一腳印，要有戰術與策略！

我經常告訴同學，面對一大堆考題時，就要有刷油漆的精神，首先請心平氣和地速讀所有題目，並將沒把握的題目標示出來。

第二次讀題時，先將有把握的題目先完成，如果有多餘的時間，才處理有標示的題目，如果還是覺得還是無法解題，就持續標示出來，留待下次讀題時再來解決。

一知半解的題目正是浪費時間的陷阱所在，我們是求取「分數」，自尊心請別太強，逐步先將有把握的題目做完，再回過頭來解決較沒把握的部份。

日本有句俗諺說：「有信心的豬會爬樹！」，通常當你掌握了基本分數後，就會開始逐步這次考試產生信心。

請不要忘記！心中越是氣定神閒，越能產生α腦波，再回頭去看那些刁鑽的考題，右腦的潛能就會被激發出來，問題可能就會迎刃而解了。

透過「回想」會讓大腦重新整理剛剛吸收的訊息

讓記憶扎根在大腦裏

記憶可說是人們從事任何智力活動的基礎，也是獲得成功的重要因素。記憶東西並不能光靠強記死背，這樣的記憶方式只會讓你事倍功半，所以必須要運用一些策略。

許多人都有這樣的經驗，讀完了一本書的架構，了解了自己最想看的部份，可是還有些內容怎麼也無法完全栓在記憶裏。

閱讀獲取的知識是很重要的過程，不過如果無法牢記，那就太可惜了。油漆式速讀術採用「回想」與「測驗」兩個加強調步驟來鞏固記憶，問題就會迎刃而解了。

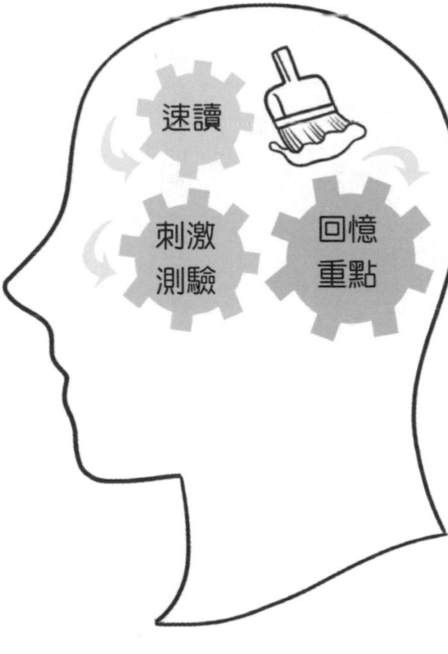

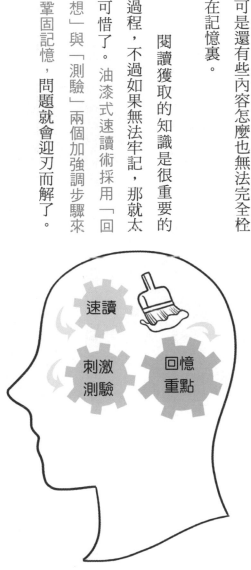

首先不妨休息片刻，泡杯香濃的咖啡，嘗試「回想」一下剛才書中的重點，並嘗試將一些關鍵字寫下來。

看完一本書之後，只要把想的內容講給自己聽，對書中資訊的記憶會更加牢固。

「回想」就是一種記憶聚焦的動作，也是一種自我反芻的過程，幫助你穩固及系統化已吸收的知識，自己也會思考出這本書吸引人的地方。

接著不妨拿起剛看完的書本，隨機性的翻幾頁。當翻到某頁時，可以利用手掌蓋住下半頁，只重新速讀上半頁。

然後自我測驗下半頁的可能內容，隨即迅速拿開手掌，看看下半頁結果是否和自己判斷一樣。

這種揭開謎題般的感受，會產生一種心理刺激感，道理就像學生的隨堂測驗一樣，每個人對測驗的考題日後都會留下深刻的印象。

如果是閱讀地理和歷史科書籍，由於書中都附有大量的圖表與照片，最適合利用全腦速讀的方法，讓大腦中的圖像記憶取代文字所表達的千言萬語。

當然還可以發聯想力，對於許多歷史人物及地點，不應該只是死記硬背起來，可以交叉使用聯想力來幫助學習。

許多記憶專家都指出，由於記憶都是儲存在大腦的神經元上，聯想則會讓更多神經元參與其中，日後提取這個記憶自然越容易。

各位背誦戰國七雄是齊、楚、韓、燕、趙、魏、秦，就可以利用諧音聯想法，記成「起初含煙找圍斤」，腦海中的影像是一開始（起初）就含著香煙尋找圍巾的畫面。

八國聯軍侵華的國家有俄德法美日奧義英八國，如果硬生生地為了考試背下這八個國家的名字，可能過了不久就忘光了。

這時可以取每個國家的第一個字組成諧音的「餓的話，每日熬一鷹」，並在腦海中想像當肚子餓的話，就烹煮一隻大老鷹來吃的畫面。

地理科也可以如法泡製，像是我們要記住臺灣週邊的島嶼，有蘭嶼、澎湖、小琉球、綠島、龜山島，根據聯想可記成「藍（蘭）湖小綠龜」，腦海中的影像是在藍藍的湖面上游著一隻可愛的小綠龜。

使用聯想力幫助記憶

➤ 八國聯軍侵華的國家有：俄、德、法、美、日、奧、義、英

取每個國家的第一個字組成諧音

「餓的話，每日熬一鷹」

➤ 台灣週邊島嶼有：蘭嶼、澎湖、小琉球、綠島、龜山島

可記成「藍（蘭）湖小綠龜」

02 進修與提升能力

對上班族而言，有些公司會要求員工參加進修與提升能力，就必須熟讀大量的專業文件與資料，即使與自己負責的業務沒有關係，但擁有專業知識對職場人士而言，絕對是不可或缺的重要因素。

職場生涯，其實很難預料到你將來要從事什麼工作，大多數人很有可能將來所做的工作，跟他當初所學的專業一點關係都沒有。

進修是強化職場戰力的最佳武器。

想要避免成為職場上的落後者，就必須要不斷的學習，機會是留給準備好的人，在不景氣的時候，沒有競爭力的員工會被刷掉，搶手的人才甚至會在景氣復甦期間，又會受公司重用。

掌握隨時速讀三分鐘，就能扭轉職場未來！

上班族如果要改變現況，提升職場競爭力，可以從隨時速讀開始做起，也就是「一邊搭捷運」或「一邊喝咖啡」時，同時進行速讀的方法，最重要就是如何盡可能擴展你的速讀機會。

油漆式速讀術也很強調利用「一點點」時間的重要性。不需要拘泥在書桌前才能讀書的習慣，即使只有如三分鐘長的一點點時間，任何地點都能養成閱讀的好習慣。

要提升專業知識，隨時隨地把握一點時間來速讀，過了一個月之後，你就已經不知不覺讀完許多本書了。

藉著直接學習來增進技藝

選擇想要學習的技藝實用書

全部用油漆式速讀術，學習吸收

想像自己技術進步的模樣

03 看報章雜誌

活用報紙版面，快速來擷取資訊

一個人閱讀的目的大概有三種，第一種是為了放鬆自己，達到娛樂效果，第二種是增加新的資訊，達到教育效果，第三種是為了個人的興趣，培養興趣的效果。

一份報紙的份量其實就像是一本綜合型的書，資訊的種類五花八門，大概都已包含了這三種目的。

報紙是由受過訓練的記者為忙碌的讀者精心編輯出來的，也是做為訓練速讀最好的工具，許多人都在吃早餐的10～30分鐘時間內看完一份報紙。如果能夠依照報紙的架構設計來看報，其實就是一項很好的速讀訓練。

報紙上的標題與雜誌上的目錄沒有兩樣，都是編者認為重要的部份，不過想法可能和讀者不一樣，這時就可以利用刷油漆的精神來速讀。

學會油漆式速讀術之後，「哪些部份對自己有幫助」的意識就會自動敏銳起來，而大幅提高吸收資訊的效率。

通常會把報紙從第一版看到最後一版，百分之百看完的人應該是少之又少，大部份的人都是以標題為主的「關鍵字」來閱讀。下圖是以速讀的視線移動方向來閱讀報紙：

1. 以我個人來說，先翻看所有的版面將大標題看過一遍，知道今天報紙所發生的新聞重點。

2. 挑選自己需要或有興趣的中標題下的內容速讀一遍。

3. 有些內容雖然興趣缺缺的，但可能有些報導會對自己的工作領域是有幫助的線索，就利用關鍵字來了解內容。

4.迅速轉換另一個大標題或者想看的照片，通常報紙的編輯會把重要的新聞旁附上照片。

5.如果想深入了解，就從摘要來速讀內容。

6.快速地在大標題中轉換與速讀。

一份報紙大概只要三到五分鐘就能「雖不中亦不遠」地掌握整份報紙內容。雜誌和報紙沒有兩樣，先從目錄開始看，找出有興趣的主題，迅速再看完這些主題中內容，最後再針對「可看可不看」的內容速讀一遍。

請排除「完美主義」的要求，不求百分百理解內容，一份雜誌約莫只要十到十五分鐘就可以「八九不離十」地看完了。

雜誌和報紙或一般書籍有一個特別的地方，就是有許多琳琅滿目的插圖，嘗試在大腦中勾勒鮮明的影像，更容易加快全腦速讀時的速度與記憶。

看報章雜誌是訓練速讀的最好工具

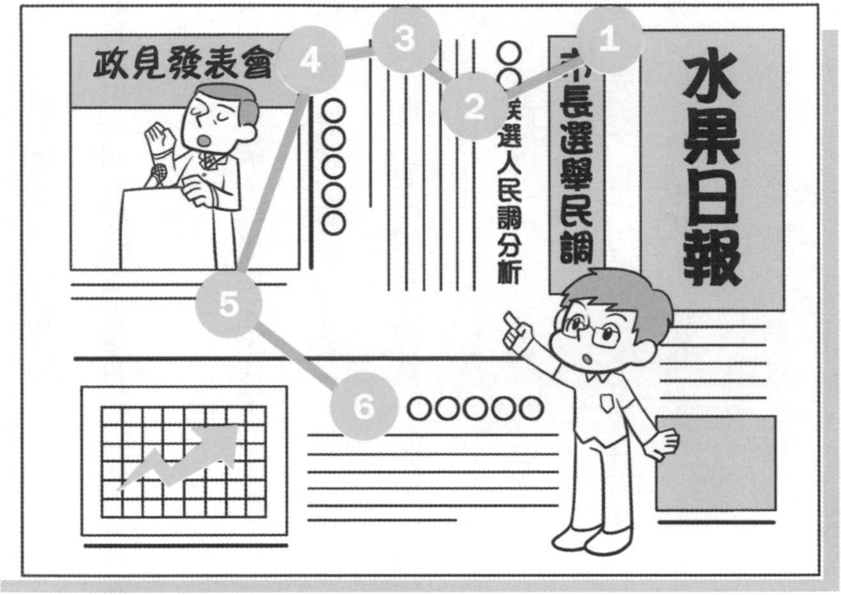

STEP ❶ → 先看版面中所有的大標題

STEP ❷ → 選擇自己需要或有興趣的中標題

STEP ❸ → 利用關鍵字了解內容

STEP ❹ → 看照片或圖片

STEP ❺ → 從照片摘要來速讀

STEP ❻ → 快速與大標題轉換和速讀

作者的話

看完這本書之後，各位對於油漆式速讀術有什麼想法呢？油漆式速讀術的學習理論深入淺出，最重要是能真正融入每個學習者的日常生活中，並能實際應用在各種學科與工作上。

我們也利用最新電腦科技，結合油漆式速讀術的「大量、全腦、多層次迴轉」的基本理論，設計了油漆式速讀外語單字的輔助軟體（包括英文、日文、韓文、德文、法文…等）。

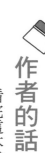

各位可以把油漆式速讀單字軟體當做一套功能完備的速讀訓練機，除了能快速幫助各位記憶英文單字外，更具備了平常訓練速讀能力的功能。

經過了這套軟體的訓練，可以讓原本1小時只能記憶20個單字的使用者，在短時間進步到1小時速記400～500個單字。全世界目前約有超過一百萬人以上使用油過漆式速讀單字軟體，同時也已獲得國內兩百多所大專系所與高中認可並簽約授權使用。

「先做做看再說」正是一切學習的開端，油漆式速讀術學到這裏，可以開始現學現賣了，趕快找一本想看的書來試試看吧！

吳燦銘

國家圖書館出版品預行編目資料

驚人的油漆式速讀術／吳燦銘著. －－ 初版. －
－ 臺中市：晨星，2015.06
面；　公分. －－（Guide book；351）

ISBN 978-986-177-9874（平裝）

019.1　　　　104002756

Guide Book 351
驚人的油漆式速讀術

作者	吳燦銘
編輯	林千裕
插圖	腐貓君
封面設計	許芷婷
美術編輯	蔡艾倫
負責人	陳銘民
發行所	晨星出版有限公司 台中市407工業區30路1號 TEL：（04）23595820　FAX：（04）23550581 E-mail：service@morningstar.com.tw http：//www.morningstar.com.tw 行政院新聞局局版台業字第2500號
法律顧問	陳思成律師
承製	知己圖書股份有限公司　TEL：（04）23581803
初版	西元2015年6月30日
郵政劃撥	22326758（晨星出版有限公司）
讀者服務專線	04-23595819 # 230
印刷	上好印刷股份有限公司

定價 250元
（如書籍有缺頁或破損，請寄回更換）
ISBN : 978-986-177-987-4

Published by Morning Star Publishing Inc.
Printed in Taiwan

◆讀者回函卡◆

以下資料或許太過繁瑣，但卻是我們瞭解您的唯一途徑
誠摯期待能與您在下一本書中相逢，讓我們一起從閱讀中尋找樂趣吧！

姓名：＿＿＿＿＿＿＿＿ 性別：□男 □女 生日： ／ ／

教育程度：＿＿＿＿＿＿

職業：□學生 □教師 □內勤職員 □家庭主婦
□SOHO族 □企業主管 □服務業 □製造業
□醫藥護理 □軍警 □資訊業 □銷售業務
□其他＿＿＿＿＿＿＿＿

E-mail：＿＿＿＿＿＿＿＿＿＿＿＿ 聯絡電話：＿＿＿＿＿＿＿＿

聯絡地址：□□□＿＿＿＿＿＿＿＿＿＿＿＿＿＿＿＿

購買書名：驚人的油漆式速讀術

・本書中最吸引您的是哪一篇文章或哪一段話呢？＿＿＿＿＿＿＿＿

・誘使您 買此書的原因？

□於＿＿＿＿書店尋找新知時 □看＿＿＿＿報時瞄到 □受海報或文案吸引
□翻閱＿＿＿＿雜誌時 □親朋好友拍胸脯保證 □＿＿＿＿電台DJ熱情推薦
□其他編輯萬萬想不到的過程：＿＿＿＿＿＿＿＿＿＿＿＿

・對於本書的評分？（請填代號：1. 很滿意 2. OK啦！ 3. 尚可 4. 需改進）

封面設計＿＿＿＿ 版面編排＿＿＿＿ 內容＿＿＿＿ 文／譯筆＿＿＿＿

・美好的事物、聲音或影像都很吸引人，但究竟是怎樣的書最能吸引您呢？

□價格殺紅眼的書 □內容符合需求 □贈品大碗又滿意 □我誓死效忠此作者
□晨星出版，必屬佳作！ □千里相逢，即是有緣 □其他原因，請務必告訴我們！

＿＿＿＿＿＿＿＿＿＿＿＿＿＿＿＿＿＿＿＿＿＿＿＿

・您與眾不同的閱讀品味，也請務必與我們分享：

□哲學 □心理學 □宗教 □自然生態 □流行趨勢 □醫療保健
□財經企管 □史地 □傳記 □文學 □散文 □原住民
□小說 □親子叢書 □休閒旅遊 □其他＿＿＿＿＿＿＿＿

以上問題想必耗去您不少心力，為免這份心血白費

請務必將此回函郵寄回本社，或傳真至（04）2359-7123，感謝！
若行有餘力，也請不吝賜教，好讓我們可以出版更多更好的書！

・其他意見：

晨星出版有限公司 編輯群，感謝您！

請填妥後對折裝訂，直接投郵即可，免貼郵票。

廣告回函
台灣中區郵政管理局
登記證第267號
免貼郵票

407
台中市工業區30路1號

晨星出版有限公司

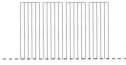

請沿虛線摺下裝訂，謝謝！

更方便的購書方式：

（1） 網站：http://www.morningstar.com.tw
（2） 郵政劃撥 帳號：22326758
　　　　　戶名：晨星出版有限公司
　請於通信欄中註明欲購買之書名及數量
（3） 電話訂購：如為大量團購可直接撥客服專線洽詢

◎ 如需詳細書目可上網查詢或來電索取。
◎ 客服專線：04-23595819#230 傳真：04-23597123
◎ 客戶信箱：service@morningstar.com.tw

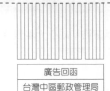